本书获洛阳理工学院学术著作出版基金资助

并购中收购方应计与
真实盈余管理的权衡与影响

张自巧 著

中国社会科学出版社

图书在版编目（CIP）数据

并购中收购方应计与真实盈余管理的权衡与影响/张自巧
著. —北京：中国社会科学出版社，2018.5
ISBN 978 - 7 - 5203 - 1172 - 4

Ⅰ.①并… Ⅱ.①张… Ⅲ.①企业兼并—企业利润—管理—研究 Ⅳ.①F271.4②F276.6

中国版本图书馆 CIP 数据核字（2017）第 250074 号

出 版 人	赵剑英
责任编辑	刘晓红
责任校对	周晓东
责任印制	戴 宽

出 版	中国社会科学出版社
社 址	北京鼓楼西大街甲 158 号
邮 编	100720
网 址	http://www.csspw.cn
发 行 部	010 - 84083685
门 市 部	010 - 84029450
经 销	新华书店及其他书店
印 刷	北京明恒达印务有限公司
装 订	廊坊市广阳区广增装订厂
版 次	2018 年 5 月第 1 版
印 次	2018 年 5 月第 1 次印刷
开 本	710×1000 1/16
印 张	12.75
插 页	2
字 数	201 千字
定 价	58.00 元

摘　要

　　并购是资本市场永恒的主题。股权分置改革后,在一系列鼓励兼并重组的政策推动下,并购在实现我国企业跨越式发展、淘汰落后产能、优化经济布局及经济结构中发挥着越来越重要的作用。目前,我国经济发展已迈进了并购重组的新阶段,并购中的财务会计问题不断涌现,已成为新形势下理论界和实务界研究的新热点,尤其是在并购效果并不尽如人意的现实情况下。毋庸置疑,会计信息质量影响并购投资效果,盈余管理是衡量会计信息质量的一个重要维度。学者们对我国企业并购中的盈余管理问题进行了一些有益的探讨,但由于实务中并购审计的重点是目标公司,相关既有文献多以目标公司为研究对象。而并购是涉及控制权转移的双边交易,收购公司往往是并购交易的主导方,其是否会进行盈余管理?如果是,如何在应计与真实两种盈余管理方式之间权衡值得深思。鉴于此,本书以收购公司为研究对象,利用A股深、沪上市公司2006—2014年相关的并购及财务数据,理论分析并实证检验了收购公司盈余管理的原因、表现形式、怎样权衡及产生的影响。

　　第一,关于收购公司盈余管理的原因,本书以博弈论为指导,采用箭头法对并购交易双方盈余管理决策博弈矩阵的理论分析表明,作为主要参与者,在对目标方是否采取盈余管理策略不确定的情况下,实施盈余管理策略是收购公司的理性选择。结合实证会计三大假说,从会计基础理论层面分析了收购公司盈余管理的主要诱因。此外,我国控制权市场及经理人市场欠发达、特殊的产权制度、信息披露及评价体系不完善、监管规定及执法力度不严等,为收购公司在并购中实施盈余管理提供了现实可能。

第二，关于收购公司盈余管理的行为，本书理论研究表明，收购公司因采取的支付工具不同，盈余管理动机及表现形式存在显著差异。采取股份支付方式，收购公司存在显著方向向上的盈余管理，目的是降低收购成本，减少原有股东的控制权、投票权以及收益权稀释的程度；而采用现金支付方式，收购公司则表现为显著方向向下的盈余管理，但这只是一种表象，实质则是现金流量管理，目的是向外界传递会计信息质量高的信息，增强市场信心，提高并购成功概率，并为公司未来发展储备利润空间。实证检验结果及案例分析也表明，我国资本市场上，收购公司在并购活动中确实存在盈余管理行为，且在实施过程中将应计和真实盈余管理方式配合起来构成相应的策略组合。

第三，关于收购公司如何对应计和真实盈余管理方式进行权衡，理论分析表明，依据成本效益原则，收购公司通过比较相关的内外部因素（公司治理、并购特征、公司基本面等）对不同盈余管理方式监督成本和相对收益的影响，做出理性判断和选择。当监督成本提高，采取应计盈余管理方式所获的相对收益降低时，倾向于真实盈余管理；反之亦然。本书在纠正并购样本及盈余管理嫌疑样本潜在选择偏误的基础上，设计了收购公司对盈余管理方式权衡的 Heckman 两阶段拓展模型。实证研究表明，机构投资者持股比例与真实盈余管理显著负相关；而聘请审计质量较高的事务所及处于投资者法律保护程度较高地区的收购公司并未对真实盈余管理方式表现出明显的倾向性。大股东持股比例越高，越关注公司的长期价值，倾向于相对收益较高的应计盈余管理方式；披露内控缺陷信息的收购公司一定程度表明内控制度不健全或者执行力较差，应计盈余管理程度相对较高。由于我国管理层持股比例普遍较低，独立董事话语权不高，管理层持股、董事会独立性并未对盈余管理方式倾向性产生显著影响。相对于非关联交易，关联交易并购中，收购公司更倾向于监督成本较低的真实盈余管理方式，而并购支付方式及交易规模并未对其产生影响。收购公司的市场势力与真实盈余管理显著正相关，而收购公司财务健康状况、边际税率、经营周期与真实盈余管理显著负相关，表明市场竞争力低、财务状况好、税收成本高、会计灵活度高的公司偏好相对收益较高的应计盈余管理方式。此外，收购公司对应计和真实盈余管理方式二者孰先孰后的安排并不存在固定的优先次序。

第四，关于收购公司应计和真实盈余管理方式对并购绩效的影响，本书理论分析表明，在并购战略的指导下，贯穿并购始终的重要因素——并购能力是决定并购能否成功的关键，尤其是并购后的整合能力是影响并购绩效的根本要素；而盈余管理只是一种短期财务策略，其能否对并购绩效产生实质性影响取决于并购能力的高低。实证结果表明，应计和真实盈余管理方式均对并购绩效产生负面影响，但二者的影响程度存在显著差异，后者比前者对并购绩效的负面影响持续时间更长、影响程度更大。并购整合能力能有效抑制盈余管理的负面影响，特别是在并购后的较长时期。具体而言，对于并购整合能力较高的收购方，随着交易完成后整合程度的加深，并购前盈余管理对并购后业绩下滑的"贡献"受到了明显抑制，尤其是对于真实盈余管理方式。

关键词：收购公司；应计盈余管理方式；真实盈余管理方式；并购绩效

ABSTRACT

M&A is the eternal theme in the capital market. Driven by a series of policies of mergers and reorganization after the Split – share reform, M&A plays a more and more important role in achieving span type development of China's enterprises, eliminating backward production capacity, optimizing economic layout and economic structure. At present, the Chinese economy has entered the new stage of merger and reorganization. It has become a hot spot that financial accounting problems are constantly emerging in M&A theory and practice research fields under the new situation, especially in the reality of unsatisfactory effects of M&A. There is no doubt that accounting information quality affects the effect of M&A and earnings management is an important dimension to measure the quality of accounting information. Although scholars have made some beneficial discussions on earnings management problem of M&A in China, Most of the literature regard the target company as research object because the focus of M&A audit practice is the acquied company. However, the merger is bilateral transactions to transfer control and acquiring company is often the dominant party in the M&A transactions. Will acquiring firms manipulate earings? If they do manipulate earings, it is worth studying how they make choices between accrual – based and real earings management strategies? Based on public corporates' date from 2006 to 2014, this book examines how Chinese acquiring companies tend off and conduct accrual – based & real activities manipulation strategies as well as their effect on post – M&A operation performance.

Firstly, under the guidance of game theory and institutional economics, we investigate the reasons why does the acquiring company carry on the earnings management. Theory analysis demonstrates that both of acquired and acquiring firms conduct earnings management is "the Nash equilibrium solution" of the game of M&A transactions. As the main participant, the rational choice of acquiring firms is to carry on earnings management strategy if they can t fully know whether or not acquired firms take the earnings manipulation strategy at the same time. Meanwhile, underdeveloped control market and manager market, special property right system and arrangement, information disclosure and evaluation system, imperfect regulation and less stringent law enforcement, etc. , provides the possibility and feasibility for acquiring companies to manipulate earnings in M&A.

Secondly, we find that acquiring firms engage in both accrual – based and real activities manipulation in the period prior to the merger agreement. In order to reduce the cost of buying the target, minimize the likelihood of earnings dilution and vote power and contal power dilution of existing shareholders, acquiring firms attempt to manage earnings upward. Howerer, acquiring firms attempt to manage earnings downward in order to increase market confidence. The empirical evidence suggests that acquiring firms conduct earnings management through accrual – based and real activities manipulation strategies in Chinese capital market.

Thirdly, the book has explained the problems how acquiring firms trade off between accrual – based and real activities manipulation strategis. First of all, we analyze the factors that influence acquiring firms' decisions to manage earnings from four dimensions (namely, internal corporate governance, external corporate governance, Characteristics of M&A, features of corporate fundamentals), Therefore we design a two – stage expanded Heckman model for acquiring firms to manage earnings following cohen and Zarowin (2010) and Zang (2012), based on correction of potentially self – selection bias of M&A samples and earnings management samples. The empirical evidences show that the share – proportion of institutional investors is negatively correlated with the real earnings management. Meanwhile the acquiring firms have higher auditor or lies in the higher legal protection regions did not show a significant tendency to use real earnings management. Shareholder's ownership proportion and imperfect internal control mechanism are positively correct with accrual earnings management method. Management ownership and board independence do not show significant evidence for tendency of acquiring firms to use real activity manipulation method. The acquiring companies which transact with related parties are more inclined to engage in real earnings management than non – related transactions. Market leading acquiring firms have higher level of real earnings management, while companies with good financial health, longer business cycle, higher marginal tax rate and accounting flexibility prefer to accrual earnings management. Forthermore, the priotiry of accrual – based and real earnings management strategies is not fixed.

Fourthly, this book empirically investigates differential effects of two earnings management strategies on the issue of underperformance in post – M&As. We find that in general, earnings management is negatively related with the outcome of post – M&A. We also find that the negative impact of real activity earnings management is greater than that of accrual – based earnings management. Furthermore, the capability of M&A has played a positive role in diminishing the detrimental impact of earnings management on the long – term performance of M&A. It is concluded that whether earnings management can cause substantial damages to long – term post – performance depends on the M&A capacity of acquiring firms, especially the integration ability after the deal is done. Therefore, not only should investors pay close attention to temporary earnings management of acquiring firms prior to M&A announcement, but also they should evaluate the M&A capability of those firms when appraising the overall outcome of M&As.

Key Words: Acquiring Firms; Accrual – based Earnings Management; Real Activities Earnings Management; Performance of M&A

目　录

第一章 引言

第一节 问题的提出

上市公司财务报告设计的初衷是为了降低利益相关者之间的信息不对称及代理成本。在企业对外财务报告所提供的庞杂信息中，会计盈余是反映企业经营业绩最直观和最核心的指标，具有很强的信息含量（Ball and Brown，1968；赵宇龙，1998；陈晓，1999），对投融资决策、有效契约的签订、履约责任的监管等意义重大。会计盈余指标的重要性诱使上市公司为达到特有目的，存在有意调整盈余数字的行为。盈余管理（Earnings Management）现象的普遍存在使财务报告的可靠性受到了严峻挑战（Levitt，1998）。长期以来，盈余管理不仅是公司金融领域理论研究的热点问题，也日益引起监管者、会计准则及相关法律法规制定者、实务工作者的广泛关注。越来越多的研究表明，企业不仅仅在日常经营活动中存在为避免亏损、避免利润下降、避税、降低政治成本、避免债务违约等目的进行盈余管理，资本市场上发生的许多重大事件，如股票首发上市、再融资、并购（IPO、SEO、M&A），也为盈余管理提供了"契机"。

自1993年"宝延风波"拉开我国上市公司并购的序幕，并购作为企业进行外部战略性扩张的一种主要方式，在我国新兴转型的资本市场中表现日益活跃。近年来，为充分发挥并购重组在淘汰落后产能、提高行业集中度、加快国有经济布局和经济结构调整等方面的重要作用，政府出台了一系列政策鼓励企业加快并购重组的步伐。① 伴随着我国 IPO 业务的暂停以及 2013 年 10 月 8 日正式实施的并购分道制审批的正式实施，并购的作用日益凸显，并购热情持续高涨，A 股并购重组迎来了"井喷期"。然而，现实经济活动中，并购重组并未达到应有预期，相当多的上市公司在并购后业绩出现了不同程度的下滑。② 除了定位失误、行政干预、忽视整合等原因，理论界意识到了并购财务决策问题的重要性并激起了极大的研究热情。学者们借鉴国外做法对并购动机、并购定价、并购融资等相关问题作了有益的探索，研究成果较为丰富，却鲜有文献研究并购中的盈余管理问题。

并购是商务控制权转移的"一揽子"交易（张秋生，2005），直接影响上市公司的资产质量、经营状况和经营成果，关系到并购相关者利益的重新分配。在并购利益冲突的多头博弈中，当大股东或者管理层意识到公司价值的高估（低估）能够为公司带来好处的时候，为追逐自身利益最大化存在盈余管理行为（Shleifer and Vishny，2003），这一理论假设已经得到国外相关经验证据的支持（Perry and Williams，1994；Deangelo，1986；Erickson and Wang，1999；Louis，2004；Higgins，2012）。国内学者对并购中盈余管理问题的研究尚处于探索阶段，缺乏对我国特殊并购环境中盈余管理问题理论和实证的探讨，且研究对象以控制权转移公司为主（秦耀林，2008；曾昭灶和李善民，2009；王克敏和刘博，2014）。收购公司作为并购事件的主要发起者，也存在盈余管理动机和行为，但国内关于收购公司盈余管理的研究文献很少。股权分置改革完成后，并购的市场化程度得到了较大提高，

---

① 2010 年国发 27 号文发布了《国务院关于促进兼并重组的意见》，并成立由工业和信息化部牵头，11 个部委（局）参与的企业兼并重组工作协调小组，强调通过兼并重组方式深化体制机制改革，推进兼并重组。"十二五"规划中提出坚持市场化运作，发挥企业主体作用，完善配套政策，消除制度障碍，推动优势企业实施强强联合、跨地区兼并重组，提高产业集中度。

② 根据清科研究中心 2013 年度《中国上市公司并购专题研究报告》的统计数据，受并购事件的影响，上市公司的盈利能力出现了明显下降，其中，平均营业利润增长率由并购前的 39.6% 下降至并购后一年的 15.1%，降幅高达 61.9%；平均净利率由并购前的 13.1% 下降到并购后一年的 11.1%；平均净资产收益率由并购前的 13.1% 下降至并购后一年的 10.7%。

伴随着与国际准则趋同的新会计准则的颁布及正式实施、并购信息披露制度及监管制度的不断完善，并购环境发生了很大变化，上市公司采取的盈余管理方式可能会更加复杂和隐蔽。近年来，同时研究应计和真实盈余管理方式已经成为盈余管理领域理论研究的新进展。由于资本市场、并购环境、会计准则及监管政策的差异性，国外学者关于发达资本市场并购中收购方盈余管理的研究结论（Louis，2004；Higgins，2012），可能不适应于中国的资本市场。此外，并购环境的变迁可能导致国内既有研究结论存在偏误。

鉴于此，本书试图在已有研究的基础上，以收购公司为研究对象，深入挖掘盈余管理产生的原因，对其行为表现、如何在应计和真实盈余管理方式之间进行权衡以及产生的影响展开系统研究，尝试性地解决以下问题：

（1）并购作为中国资本市场上一项重大的投资决策行为，收购公司为何会实施盈余管理？不同支付方式下其盈余管理行为是否存在差异？

（2）收购公司在应计和真实盈余管理方式之间如何权衡？即权衡的机理和影响因素是什么？两种不同盈余管理方式是否存在优先实施顺序？

（3）应计和真实盈余管理方式对并购绩效会产生怎样的影响，影响程度是否存在差异性？并购能力在其中起着什么样的作用？

第二节　研究意义

一　理论意义

（1）丰富了股权转让前上市公司盈余管理的研究。本书以博弈论中的"纳什均衡理论"为理论基础，从基础理论层面诠释了并购中收购公司进行盈余管理是理性决策的结果；将应计和真实两种不同的盈余管理方式纳入研究中，突破了既有相关文献只关注应计盈余管理方式的局限性；深化了对公司治理理论的认识，内部公司治理和外部公司治理作为两种不同的监管机制，对收购公司盈余管理方式的权衡都会产生重要影响；拓展了关于并购支付方式与盈余管理问题的研究，既有文献仅关注股份支付并购中的盈余管理问题，本书研究了股份支付和现金支付两种不同支付方式并购中的盈余管理动机和表现，为理论界和实务界关于并购中是否存在盈余管理、是否存在应计和真实两种不同盈余管理方式的争论提供了理论支撑和经验证据。

（2）拓展了盈余管理对并购绩效的研究。本书将并购能力纳入对收购公司盈余管理经济后果的研究中，纠正了既有文献过度夸大盈余管理危害的观点，提出并购环境下，收购公司的盈余管理只是一种短期财务决策行为，且具有机会主义和信息驱动的双重特征，其对未来长期价值能否造成实质性损害取决于并购能力，并购能力越高，对盈余管理负面影响的抑制作用越明显。

二 现实意义

30 多年的改革开放，使中国经济的发展由最初的新建扩建转向并购重组的新阶段，行业整合加速，上市公司并购重组活动更加活跃。在经济转型的大背景下，要实现通过并购重组调整产业结构的重任，达到并购价值创造的目标，需要对并购中的财务决策行为有一个正确的认识。企业并购中的盈余管理行为实质上是居于信息优势方的管理层利用便利条件，进一步加剧与外部信息使用者信息不对称的一种手段，其有优势也有弊端，任何夸大或者削弱盈余管理作用的观点都是有失偏颇的。

（1）通过对企业并购中盈余管理问题的研究，能够使各利益相关者对企业的盈余管理行为有新的认识，有利于降低信息不对称，有利于遏制并购中的违规披露和信息操纵行为，提高会计信息透明度和可靠性，营造一个公平的并购环境，促进并购向市场化方向发展。

（2）相关研究结论对投资者正确理解和评价企业对外财务报告，参考会计盈余信息进行理性投资决策时提供有益参考，有助于投资者正确决策，有利于保护投资者利益，降低投资者对并购事件的盲目跟风现象。

（3）相关研究结论有利于监管者提高对上市公司盈余管理的识别能力，为相关会计准则及法规制定者、监管政策制定者进一步制定规范上市公司并购行为的政策提供有益的理论支持和政策依据。

第三节 相关概念的界定

一 收购方

企业并购是并购交易双方在自愿、平等、互惠互利的基础上，收购方采用一定的支付方式，以控制权转移为标准，整体收购或部分收购目标方资产和股权的交易行为。本书所指的收购方为中国资本市场A股企业并购事件中，并购交易活动的买方需为上市公司，下文统称收购公司。

二 盈余管理

关于盈余管理的定义，学术界并未形成统一的认识，大致可以概括为三种观点：第一种是有价值的盈余管理，该观点认为盈余管理通过利用会计处理的灵活性，可以传递价值相关的具有前瞻性的非公开信息，能够在一定程度上提高会计信息透明度，提升公司价值（Ronen and Sadan，1981；Demski，1998；Beneish，2001；Gu et al.，2002）。第二种是具有机会主义和提高经济效率双重特征的中性的盈余管理，该观点认为盈余管理采用的会计处理选择既可以最大化经理人的个人效率，也可以提高公司价值（Fields et al.，2001；Scott，2003）。第三种是仅具有危害性的机会主义盈余管理，该观点认为盈余管理是有害的，是误导或降低会计信息透明度的把戏，目的是为了获取个人私利（Schipper，1989；Healy and Wahlen，1999；Miler and Bahnson，2002）。

本书所指的盈余管理支持第二种观点，具体地说，是指在不违背现有明确的会计准则和相关法律法规原则的前提下，为实现某些特有目的，对会计报告收益的有意调整，使报告盈余水平与企业主体真实经营成果存在差异，继而影响利益相关者对企业经营业绩的理解并影响其决策的行为。具有机会主义和提升企业价值的双重特征，从本质上看，盈余管理与会计操纵不做严格区分，但区别于会计造假。

三 盈余管理方式

本书所指的盈余管理方式包括应计盈余管理方式和真实盈余管理

方式两大类。目前,对于应计盈余管理的定义,学术界形成了较为统一的观点,即指的是企业为达到某些特定目的,在不违背公认会计原则及相关法律法规的情况下,企业管理层通过会计方法选择或会计估计变更,对会计盈余在不同期间的人为规划与调整(秦荣生,2001),旨在误导会计信息使用者对公司经营业绩的理解从而影响其决策行为或者以会计报告数据为基础的契约后果(Healy and Wahlen,1999)。真实盈余管理方式是指管理层通过安排真实交易直接影响现金流的盈余管理行为,这种行为背离了正常的经营决策,很难与正常的经济业务区别,且对未来的经营业绩造成更为严重的负面影响(Roychowdhury,2006)。国内外学者一致认为,调整酌量性费用(研发支出、维修支出、广告支出及培训费用等)、操控销售价格或数量(各种扭曲价格的促销方式)以及改变生产成本(增加生产量摊薄生产成本)是真实盈余管理三种最主要的具体方式。

第四节　研究框架、主要内容及技术路线

目前,中国经济发展正处于改革开放之初的新建扩建阶段转向并购重组的新阶段,并购重组在调整、优化产业结构,提高资源配置效率,实现整个社会的帕累托改进中承担着重任。但是并购在现实经济运行中的表现并未达到应有效果,究其原因,盈余管理问题不容忽视。基于此背景,本书聚焦于企业并购中收购公司盈余管理问题的研究,以期规范并购中财务信息的真实性和可靠性,充分发挥并购重组在我国经济增长新阶段的作用。本书由七章组成,理论分析了收购公司进行盈余管理的原因,不同支付方式下盈余管理行为的差异,收购公司对不同盈余管理方式权衡的机理和影响因素、不同盈余管理方式对并购绩效的影响,并采用经验数据对上述问题进行了实证检验。各章具体内容如下:

第一章,引言。主要阐述了本书的研究背景、研究意义、研究方法、具体的研究问题、总体的研究框架及主要研究内容。

第二章，文献综述。按照重要性、相关性及递进性原则，本章对与研究议题相关的国内外文献进行了系统的梳理和回顾，层层递进，归纳分析了盈余管理的一般性研究、企业并购与盈余管理的相关研究、收购公司盈余管理的相关研究成果，侧重从盈余管理的资本市场动机、盈余管理方式选择及盈余管理的经济后果三方面展开分析。并购作为资本市场重要事件之一，与股票首发上市和再融资相比，对并购中盈余管理问题的既有研究成果相对较少，主要集中在管理层收购和换股并购两大领域，两者动机相同，但进行盈余管理的方向相反，管理层收购通常进行向下的盈余管理，换股并购则进行向上的盈余管理。由于实务中并购审计的重点是目标公司经营活动是否合法合规、财务报表数字是否真实可靠，国内相关研究侧重于研究控制权转移公司的盈余管理问题。对收购公司盈余管理的研究集中于换股并购领域，仅有的几篇文献重点讨论了应计盈余管理方式，鲜有文献从应计和真实盈余管理方式考察收购公司盈余管理行为，且未深入挖掘收购公司进行盈余管理最根本的原因，缺乏理论支撑。关于盈余管理方式选择问题的既有文献注重分析主要影响因素，而对其背后隐含的机理及如何选取影响因素未进行深入分析，尚未有文献涉及对收购公司盈余管理方式选择问题的研究。关于盈余管理方式对并购绩效的影响，仅通过不同盈余管理方式特征的差异性就判断真实盈余管理会对公司的长期经营绩效产生负面影响，忽视了真正决定并购能否成功的重要考量——并购能力。

第三章，理论基础和现实基础。以博弈论为指导，通过求解并购交易双方在盈余管理决策博弈矩阵的"纳什均衡解"，论证了收购公司进行盈余管理是一种理性选择；基于实证会计研究的三大假说，从会计基础理论层面论证了收购公司盈余管理的诱因；以制度经济学为指导，剖析了现有制度背景下收购公司实施盈余管理的现实可能，为后续研究做好铺垫。

第四章，对"收购公司存在应计与真实的盈余管理吗？"这一问题进行研究。采用分年度分行业的横截面修正 Jones（1991）模型和Roychowdhury（2006）的真实盈余管理评价模型，分别测度收购公司应计盈余管理程度以及真实盈余管理水平，在确定收购公司存在显著盈余管理现象的基础上，对收购公司在不同并购支付方式下的应计和真实盈余管理差异性进行理论分析和实证研究，研究结论表明，股份支付并购中收购公司进行了向上的应计和真实盈余管理，在现金支付并购中进行了向下的应计和真实盈余管理，但其实质是现金流量管理。

第五章，对"收购公司盈余管理方式的权衡"问题展开研究。首先，从外部治理机制、内部治理机制、并购交易特征及收购公司基本特征四个维度构建了收购公司盈余管理方式权衡主要影响因素的分析框架。其次，在既有研究基础上，构建了收购公司进行盈余管理方式权衡时扩展的 Heckman 两阶段模型。第一阶段先后控制了并购样本选择偏误及盈余管理嫌疑样本的选择偏误；第二阶段进一步解释收购公司如何在应计和真实两种盈余管理方式之间进行权衡。最后，采用格兰杰因果检验方法，解释收购公司采用的应计和真实盈余管理方式之间并不存在先后顺序，二者之间互为因果关系。

第六章，对"应计和真实盈余管理方式对并购绩效的影响"进行研究。首先，在不考虑并购能力的情况下，无论是应计还是真实盈余管理方式，对并购绩效都产生了负面影响，但真实盈余管理方式比应计盈余管理方式对并购绩效的负面影响更大。其次，在考虑并购能力的情况下，相比于真实盈余管理方式，应计盈余管理方式对长期并购绩效负面影响作用相对较小，并购能力能够有效抑制盈余管理对长期经营绩效的负面影响，特别是对于真实盈余管理方式。并购能力越高，盈余管理对并购绩效的负面影响持续时间更短，程度更低，并购绩效越好。

第七章，研究结论及局限性。本章总结了本书的理论及实证研究结果，指出了本书研究的不足之处，以及继续研究的方向。客观评价了并购中的盈余管理现象，认为盈余管理是一把"双刃剑"，合理利用能发挥积极的作用，任意滥用会导致严重的后果，因此，盈余管理应"适度"，这就需要自律与他律相结合，社会诚信体系的构建及完善保护投资者合法权益的法律体系，二者缺一不可。

本书的逻辑论证路线如图 1－1 所示。本书在既有研究文献的基

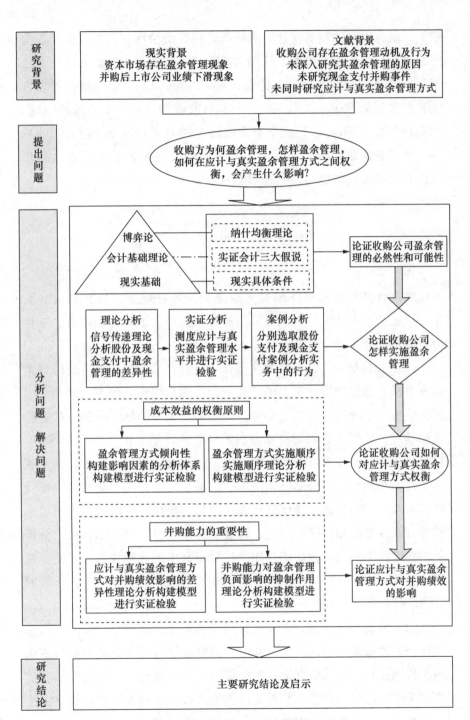

图1-1 本书的逻辑论证路线

础上，结合我国的现实背景，对收购公司盈余管理方式的权衡及影响问题展开系统研究。首先，从理论基础和现实基础两方面分析收购公司盈余管理的原因，回答为什么（Why）；其次，以应计盈余管理方式和真实盈余管理方式为主线，分别研究收购公司盈余管理的表现，回答是什么（What）；再次，研究收购公司如何对盈余管理方式的权衡，回答怎么做（How）；最后，研究收购公司采用的不同盈余管理方式对并购绩效的影响，回答产生的后果（Consequence）。

第五节　研究方法

规范研究方法和实证研究方法之间是辩证统一、相辅相成的关系。因此，本书在进行研究时采用规范研究和实证研究相结合、定性分析和定量分析相结合的方法。

（1）规范研究方法。本书主要采用演绎法、归纳法等传统的规范研究方法，通过理论分析提出研究假设，为后续实证研究做铺垫。以博弈论和制度经济学为理论支撑，运用静态博弈方法——箭头法进行演绎推理，分析了并购交易双方在盈余管理决策中的"纳什均衡解"以及我国现有的制度背景下收购公司进行盈余管理的可能性；从宏观和微观两个层面，对外部公司治理、内部公司治理、并购交易特征及收购公司基本特征四个维度进行理论分析，提出了影响收购公司盈余管理方式权衡的相应研究假设；通过演绎推理及归纳总结，理论分析了将并购能力纳入对盈余管理经济后果研究中的合理性和必要性，逻辑论证了盈余管理对并购绩效的影响以及并购能力在其中所起的作用。

（2）实证研究方法。本书实证研究部分主要运用了模型法、数理统计分析方法及案例研究法。其中，模型法是运用研究模型揭示事物内在机理及相互关系的方法；数理统计分析法是通过对变量以及变量之间关系进行定量描述，并对统计数据进行分析的方法；案例分析法是通过对企业经济活动中典型而真实的个案进行理论分析的方法。本书首先借鉴前人研究中采用较多的应计和真实盈余管理测度模型对收购公司两种不同盈余管理方式的水平进行计量，采用 T 检验分析单变量均值是否显著异于零；采用方差分析的 F 检验分析并购样本与非并购样本、股份并购样本和现金并购样本组间的差异；在理论及实证分析不同支付方式下盈余管理的差异后，分别选取了股份支付及现金支付并购两个真实案例，具体分析实务中收购公司并购前的盈余管理动机和行为。其次，采用 Probit 回归法控制并购样本及盈余管理嫌疑样本的自选择偏误，构建扩展的 Heckman 两阶段模型研究了收购公司盈余管理方式的权衡问题。再次，采用 Granger 因果检验及 Hausman 检验分析应计和真实盈余管理方式之间的先后顺序。最后，采用 OLS 方法实证检验两种不同的盈余管理方式对并购绩效的影响，以及并购能力对盈余管理负面影响的抑制作用。

第六节　创新之处

本书的研究创新主要体现在以下几个方面：

（1）构建层次结构分析框架，从理论及现实基础两方面诠释企业并购中收购公司盈余管理的必然性和可能性。首先，基础理论层面，以博弈论为指导，采用完全静态博弈中的箭头法，求解并购过程中博弈参与方盈余管理策略矩阵的"纳什均衡解"，得出收购公司实施盈余管理是一种理性选择；其次，会计基础理论层面，分析收购公司基于实证会计三大假说的盈余管理诱因；最后，现实基础层面，结合中国资本市场并购环境的具体现实条件，说明收购公司实施盈余管理存在现实可行性。

（2）全面、客观、合理地构建了收购公司应计与真实盈余管理方式权衡影响因素的分析框架，克服了既有文献在确定影响上市公司对盈余管理方式权衡因素时主观随意性较大的局限性（Cohen and Zarowin，2010；Zang，2012）。收购公司盈余管理方式权衡受到公司治理、并购交易和公司基本面等多维度主要因素的影响，当这些因素对真实

盈余管理方式的影响导致其获得的相对收益大于相对成本时，倾向于
选择该种盈余管理方式，否则对应计盈余管理方式表现出倾向性。

（3）虽然应计与真实盈余管理方式会对并购绩效造成一定负面影
响，但能否造成实质性损害还取决于并购能力的高低。本书将并购能
力这一重要因素纳入到盈余管理对并购绩效影响的研究中，发现并购
整合能力较高的收购公司，随着并购交易完成后整合程度的加深，并
购前盈余管理对并购后业绩下滑的"贡献"受到了明显抑制，特别是
对于真实盈余管理方式。这说明，并购事件有其特殊性，并购前的盈
余管理只是一种短期的财务决策行为，其能否对并购长期绩效造成严
重的负面影响取决于收购方的并购能力。基于决策有用观，本书研究
结论为信息使用者利用相关信息进行投资决策、正确评价未来并购绩
效提供了经验证据和理论支持。

（4）在研究设计方面，建立了并购中收购公司盈余管理方式权衡
的 Heckman 两阶段模型。本书利用 Heckman（1979）控制样本自选择
偏误的方法，纠正并购样本及盈余管理嫌疑样本存在的样本选择偏
误，对既有相关文献中盈余管理选择模型进行了改进和拓展。考虑到
应计和真实盈余管理的测度基于不同的模型，无法直接进行比较，本
书为被解释变量（真实盈余管理的倾向性）采取了标准化的处理方
法。此外，在对收购公司盈余管理方式实施顺序权衡的研究设计中，
本书采用了格兰杰因果检验的方法，并得出了应计与真实盈余管理方
式之间并不存在固定优先顺序的结论。

第二章　文献综述

第一节　盈余管理的相关研究

盈余管理研究起源于 Watts（1968）提出的实证会计理论中的报酬计划假设，20 世纪 80 年代以来，一直是会计及财务领域研究的热点问题。国内外学者分别从盈余管理的理论基础、动机、方式及测度方法等方面进行了大量研究，积累了颇为丰富的研究成果。概括而言，契约理论及信息不对称理论是盈余管理形成的理论基础，"契约摩擦"（Contract frictions）和"沟通阻滞"（Blocked communication）共同解释了盈余管理产生和存在的原因。契约动机、政治成本动机和资本市场动机共同构成了盈余管理的三大动机。相关的理论及实证研究结果表明：契约的不完备性驱动管理层实施盈余管理，盈余管理在以会计盈余为基础的契约中广泛存在，比如报酬契约（Healy，1985；Holthausen，1995）、债务契约（Defond and Jiambalvo，1994；Dechow，1996）、股利契约（Kasanen et al.，1996）等；当政府通过政治手段对企业行为进行干预，企业受到与会计盈余数据密切相关的严格监管时，为减少政治干预、降低政治成本，应对监管规定（Jones，1991）及避税的盈余管理（Boynton et al.，1992）应运而生；随着资本市场的发展，会计盈余信息的重要性导致为提升股票发行价格（Loughran and Ritter，1995；Teoh et al.，1998a；Shivakumar，2000；Ducharme，2004）、为满足市场预期（Kasznik，1999；Daniel et al.，2008）、为取得并购收益（Perry and Williams，1994；Erichson and

Wang, 1999; Louis, 2004) 等为目的的盈余管理成为资本市场中的一种普遍现象。鉴于盈余管理既有研究成果浩如烟海，考虑到本书的研究主题与资本市场紧密相关，依据相关性及重要性原则，主要对股票首发及再发行等资本市场重大事件中的盈余管理、应计与真实盈余管理方式以及盈余管理经济后果的相关研究成果进行详细梳理。

一 股票首发及再发行中的盈余管理

自从 Ball 和 Brown (1968) 尝试性地对未预期盈余与股价变化关系进行研究后，学术界一直致力于盈余价值相关性问题的研究，并得到了较为一致的研究结论：上市公司未预期盈余与股票价值之间存在显著的正相关关系，资本市场对盈余的反映是持续的 (Ball and Brown, 1968; Beaver et al., 1979)，证实了股票市场上流传的那句至理名言"更好的盈余等于更高的价格"。由于股票价格与盈余之间、股票价格与未来盈余之间存在正相关关系 (Asquit et al., 1989; Bernard and Thomas, 1990; Chaney and Lewis, 1995; Easten and Monahan, 2005; Kothari, 2001)，导致资本市场动机成为盈余管理的主要诱因，股票首次发行 (IPO)、再融资 (SEO)、企业兼并与收购 (M&A) 等诸多资本市场重大事件中，盈余管理现象普遍存在。

1. IPO 与盈余管理

国内外多数研究成果表明：IPO 公司在首次公开募股之前存在盈余管理。在企业 IPO 过程中，会计信息与 IPO 企业的定价决策息息相关 (Roosenboom et al., 2003)。由于信息不对称，处于信息劣势的投资者对企业缺乏足够了解，且没有历史盈余信息和股价信息可以参考。因此，投资者在投资决策时会过分依赖盈余指标对企业价值及发展前景进行评估和判断，而处于信息优势的管理层，在企业 IPO 之前会滋生强烈的盈余管理动机，通过包装对外财务报告提高发行前会计报告盈余，达到提高股票发行价格，获得更多权益资本的目的 (Loughran and Ritter, 1995; Baker and Wurgler, 2000)。Friedlan (1994)、Teoh 等 (1998a) 研究发现，美国上市公司在 IPO 之前普遍存在以提升股价为目的的盈余管理，管理层希望从留存股票的价值提升以及部分股票的处置中获取更多现金收入。通常，IPO 企业进行盈余管理时采用的是通过提高应计利润的方式，即在 IPO 之前对一些应计项目进行调整和操纵，虚夸报告盈余指标（Frankel et al., 1995; Du Charme et al., 2000）。Teoh 等（1998a）还发现，相对于非首次发行股票公司，首次发行股票公司在 IPO 当年和随后几年更可能采用使收益增加的折旧政策和坏账准备计提比率。Loughran 和 Ritter（1995）研究表明企业在新股发行之前，会通过财务包装提高净利润，以提高企业声誉和股票发行价格，结果导致了股票发行后业绩出现明显下滑，这种现象被称为"新股发行之谜"（New issues puzzle）。

国内关于 IPO 与盈余管理这一问题的研究成果也较为丰富。长期以来，上市资格在中国资本市场上是一种稀缺的"壳资源"（杨丹，2004）。为满足监管部门对上市资格的严格要求（如近三年连续盈利）以及为提高股价，降低融资成本，企业在 IPO 前后，会利用会计处理的灵活性对盈余进行调整，美化财务报表（张宗益和黄新建，2003；陈共荣和李琳，2006；郭金凤等，2012）。诸多学者为中国上市公司利用权责发生制会计核算基础赋予的自由裁量权在 IPO 前后进行盈余管理提供了经验证据，但这些研究多局限于应计盈余管理方式。Aharony 等（2000）为中国企业在 IPO 之前通过操控应计项目进行向上盈余管理以影响股票市值提供了经验证据。Aharony 等（2010）研究发现，中国上市公司 IPO 之前的盈余管理动机除了提升股价外还可能是为了在 IPO 之后获取利益输送的机会。王春峰和李吉栋（2004）发现，IPO 企业在发行的前一年以及发行当年存在人为调增利润现象，而在发行后第 2 年存在人为调减利润的现象。陈共荣和李琳（2006）发现，上市公司 IPO 之前的盈余管理与高抑价现象之间存在显著正相关关系。蔡宁和米建华（2010）研究了股权分置改革后发行市盈率和 IPO 折价率与应计盈余管理之间的关系，发现企业在 IPO 前存在高估利润的动机，盈余管理与发行市盈率正相关，与 IPO 折价率负相关。近几年来，学者们开始尝试将真实盈余管理方式纳入对 IPO 企业的盈余管理的研究中，发现随着会计准则的逐步完善和法律保护程度的提高，IPO 企业会采用两种不同的盈余管理方式实现发行价最大化的原则（蔡春等，2013）。

2. SEO 与盈余管理

再融资之后较差的股市表现和经营业绩下滑激起了学者们对股票再融资过程中是否存在盈余管理这一问题的研究兴趣，学者们推测这可能是由于上市公司在再融资之前进行了向上盈余管理，再融资之后盈余管理反转所导致的（Teoh et al.，1998b；Rangan，1998；Shivaku-mar，2000；Du Charme，2004）。在公司 SEO 过程中，如果不配股，就会新增新的股东，改变原有的股权结构，现有股东自然希望提高股票发行价格。一系列研究结果表明，在股票的再发行过程中，存在以提高股票发行价格为目的的盈余管理现象（Dechow et al.，1995；Teoh et al.，1998b；Rangan，1998；Du Charme et al.，2004；Baryeh et al.，2007；Jo et al.，2007）。Dechow 等（1995）研究发现，因财务报告不合规被证券交易委员会（SEC）处罚的上市公司，在 SEO 之前存在显著向上的盈余管理行为。Teoh 等（1998b）、Rangan（1998）研究发现，在股票再发行之前，管理当局通过调整异常应计利润提高了会计报告盈余，股票再次发行前异常利润的提高在很大程度上解释了股票发行后的业绩滑坡，由于投资者无法识别新股增发前的盈余管理，被美化的盈余信息误导投资者高价购买了股票。Du Charme 等（2004）发现，再融资后被诉讼的上市公司再融资前的异常应计利润最高，异常应计利润与索赔金额正相关，与股票发行后的长期收益之间存在负相关关系，这是由于异常应计利润在股票发行后发生逆转导致的。Shivakumar（2000）也发现了上市公司再融资前的盈余管理行为，但他对此的解释是，上市公司的盈余管理行为不是为了误导投资者，而是对市场预期的合理反映。Jo 等（2007）研究表明，在 SEO 前所披露盈余非持续提高的公司与 SEO 后的未来业绩负相关，披露频率与 SEO 中的盈余管理负相关，与 SEO 后的未来业绩正相关。

国内学者对中国上市公司 SEO 之前是否存在调增利润的盈余管理现象进行了研究，但前期研究局限于应计盈余管理方式。陆正飞和魏涛（2006）发现，无后续融资的配股公司在配股之前存在向上的盈余管理行为。近期，学者们研究了企业 SEO 过程中的真实盈余管理方式，但研究成果较为有限。高雷和宋顺林（2010）发现，SEO 上市公司会利用关联交易进行盈余管理。李增福等（2011）研究发现，中国上市公司在 SEO 前会采用调控销售、生产及酌量性费用等方式等改变真实交易的方式调高利润指标。毕金玲（2014）从产权性质的角度进行研究，发现民营上市公司比国有上市公司在 SEO 前存在调增利润的盈余管理程度更高。

二 应计与真实盈余管理方式的相关研究

盈余管理的具体手段灵活多样，为便于研究，学术界将盈余管理方式从总体上划分为应计盈余管理和真实盈余管理两大类。Schipper 和 Katherine（1989）是最先把盈余管理分为应计和真实两种不同方式的学者，并得到了学术界一致认可，引起了学者们对盈余管理方式问题的关注。如前文所述，两种盈余管理方式的共同点是为达到某些特有目的，管理层有意调高或调低短期报告盈余的行为，不同之处在于这种行为是否改变了正常的经营活动。应计盈余管理是指在公认会计原则范围内，管理层利用会计估计变更、会计政策选择等会计手段试图混淆或掩盖真实经济业绩的行为（Dechow and Skinner，2000），既不会影响正常的业务活动，也不会引起现金流的变化。真实盈余管理是管理层通过有意构造真实交易改变经营、投融资决策的时点和结构，误导利益相关者对公司真实经营业绩的理解，会引起现金流的改变（Cohen and Zarowin，2010；Roychowdhury，2006；Zang，2012）。早期，学者们主要关注应计盈余管理的研究，近几年，越来越多的学者发现，管理层对企业会计盈余的操控不仅包括应计盈余管理，还涉及真实盈余管理（Bartov，1993；Dechow，1995；Bens et al.，2002），仅从应计盈余管理进行研究并不能很好地解释企业的盈余管理行为（Dechow et al.，2003）。管理层采用真实盈余管理方式的理由如下：①通过应计盈余管理所做出的某些激进会计选择，可能会引起证券交易委员会的严格监管和股东的集体诉讼，风险较高。②当期应计盈余管理的实施程度会受到前期的制约。Barton 和 Simko（2002）发现，应计盈余管理受限于以前年度的应计操控程度。③应计盈余管理通常发生在会计年度或季度末，管理层面临这些会计处理能否得到审计师认可的不确定性。通过对应计与真实盈余管理方式相关文献进行梳理和归纳，主要研究议题如下：

1. 应计与真实盈余管理方式的具体实施手段

应计盈余管理方式以不违背会计原则为前提，权责发生制记账基础和会计准则的不完备性为应计盈余管理的实现创造了条件，表现为管理层利用会计估计和会计政策对账面利润进行的人为调整，当期对应计项目进行调整增加的收益，会由于反转效应在未来期间被抵消。从长远来看，应计盈余管理并未改变实际盈余，改变的只是盈余在不同会计期间的分布。应计盈余管理的具体实施手段多种多样，主要包括：为了平滑利润改变收入和费用的确认时间（Bartov，1993；Bowen et al.，2002）、利用资产冲销（Francis et al.，1996；Bartov et al.，1998；Burgstahler et al.，2002）、递延坏账损失或少提坏账准备（Mc-Nichols and Wilson，1988）、变更折旧年限及方法（Neill et al.，1995；Bishop and Eccher，2000）、对某项目放在线上或者向下的选择（Dye，2002）、利用财政补贴（陈晓和李静，2001）、利用关联交易（陈晓和戴翠玉，2004）、冲回前期多提的减值准备（薛爽等，2006）等手段。

真实盈余管理方式与正常的经营决策相背离，管理层进行盈余管理的目的是至少使公司一部分利益相关者相信财务报告目标已经通过正常的经营活动得以实现（Roychowdhury，2006），主要通过真实交易使后期（前期或当期）的现金流在前期或当期（后期）实现，采用的具体实施手段主要包括：①减少研发费用、广告费用等酌量性费用改变会计盈余。为达到特定盈余目标或出于保盈的目的，公司会采用削减研发开支（Holthausen et al.，1995；Cheng，2004）或操控费用支出时机进行盈余管理（Bushee，1998）；为获得更高的薪酬，CEO在任期即将结束时，采取减少研发费的方式增加会计盈余（Dechow and Sloan，1991）；为减少股票期权的行使对盈余的稀释程度或者为达到分析师的盈余预测，管理层会有意减少研发开支和资本性支出（Bens et al.，2002）。②处置长期资产。Bartov（1993）发现管理层会通过选择长期资产的处置时机平滑利润，以避免亏损消息带来的负面影响。Herrmann等（2003）发现管理层会采用出售固定资产的方式提高盈余，以避免违反债务契约。③利用衍生避税工具避免收益波动（Barton，2001；Pincus and Rajgopal，2002）。④通过股票回购操纵盈余（Bens et al.，2003；Hribar et al.，2006）。⑤通过操控销售收入、生产成本及酌量性费用等方式操纵盈余。Gunny（2005）发现，为避免亏损，提升短期经营业绩，管理层通过操纵销售进行真实盈余管理。为避免亏损或达到分析师预测的盈余目标，公司采取了通过价格折扣以及提供更宽松的信用政策方式促销、增加生产量以降低单位销售成本、减少酌量性费用等真实盈余管理方式（Roychowdhury，2006；Cohen et al.，2008；Cohen and Zarowin，2010；Zang，2012）。

2. 应计与真实盈余管理方式选择的基本原则

既有研究表明，上市公司在决定进行盈余管理时，对采用何种盈余管理方式的决策主要基于对不同盈余管理方式成本的比较。应计和真实这两种不同的盈余管理方式都会付出相应的成本，公司管理层在盈余管理方式选择时考虑的是成本的高低（Cohen and Zarowin，2010；Zang，2012）。Cohen 和 Zarowin（2010）采用 Heckman（1979）的方法，对报告盈余的自选择问题进行控制，研究了再融资过程中盈余管理方式选择的问题，发现管理层对盈余管理方式的选择取决于公司实施应计盈余管理的能力和成本。应计盈余管理的能力用净经营资金衡量，成本取决于审计师特征和被诉讼的风险（Barton and Simko，2002）。Zang（2012）认为，管理层对盈余管理方式决策取决于不同盈余管理方式的相对成本，当某种盈余管理的成本相对较高时，就会倾向于采用另一种盈余管理方式。当管理层在调整会计盈余数字传递公司发展前景的信息时，会谨慎权衡真实盈余管理的成本和收益，以免损害公司的未来绩效（Tan and Jamal；2006）。赵景文和许育瑜（2014）研究发现，上市公司在税收筹划时，会对不同盈余管理方式的成本进行权衡，选择最合理的避税方式。侯晓红等（2013）研究发现，盈余管理成本影响不同盈余管理方式的选择，当公司在所处行业中处于有利竞争地位时，面对严厉的外部监管，应计盈余管理会付出更大的代价，管理当局会选择真实盈余管理方式。

3. 应计与真实盈余管理方式选择的影响因素

上市公司作为社会经济大系统的一个开放的子系统，不断与外界进行着信息转换，外部环境和内部条件共同影响着管理层对盈余管理方式的选择，总结相关文献，影响盈余管理方式选择的内部因素主要包括：公司的会计弹性、公司治理水平、股利政策、在所属行业中的地位、股权性质、公司规模、负债水平、管理者薪酬等。其中，会计弹性、现金分红政策与真实盈余管理负相关。净经营资金水平越高，公司会计弹性越小，前期进行应计盈余管理的程度越高，应计盈余管理的继续应用能力受到限制，公司会更多采用真实盈余管理方式（Cohen and Zarowin, 2010; Zang, 2012）；现金分红减少了代理成本，能有效抑制真实盈余管理程度（刘衡等，2013）。公司在所属行业中的地位与真实盈余管理正相关，处于市场主导地位的公司，为维护公司形象和声誉，降低诉讼风险和成本，更倾向于实施真实盈余管理（Zang, 2012）；国有控股、公司规模越大、资产负债率越高的公司，真实盈余管理程度更高，应计盈余管理程度更低；管理层薪酬高的公司会采用真实和应计两种不同方式实施正向盈余管理（李增福等，2011; 李增福等，2013）。

影响盈余管理方式选择的外部因素主要包括：所处行业特征、审计质量、监管制度、诉讼风险等。其中，高诉讼行业、审计质量与真实盈余管理正相关。处于诉讼风险较高行业的公司，监管力度大，风险高，容易实施真实盈余管理（Cohen and Zarowin, 2010）；审计师的声誉越高，审计质量越好，高质量审计能有效发挥监督作用，提高公司实施应计盈余管理的成本，应计盈余管理程度降低（Balsam et al., 2003），偏好真实盈余管理方式（Cohen and Zarowin, 2010; 李增福等，2011; Zang, 2012; 刘霞，2014）。机构投资者在减少真实盈余管理中扮演了"经济警察"的角色，机构投资者持股比例越高，对影响现金流量的真实盈余管理行为监督力度越大，公司真实盈余管理程度越低（Bushee, 1998; Roychowdhury, 2006, 李增福等，2013）。方传希和陶学伟（2013）研究了外部约束机制监督对上市公司盈余管理行为的影响，发现分析师跟进人数多及标准无保留的审计意见，导致上市公司盈余管理行为更隐性化，但法律环境对上市公司盈余管理行为影响不显著。王良成和宋娟（2013）从制度环境层面研究了上市公司的盈余管理行为，认为市场竞争压力使应计和真实两种不同的盈余管理方式存在成本差异，控制利益和管制压力是盈余管理的驱动力，但在二者之间不存在成本比较优势。

此外，相关法律法规的修订和出台对盈余管理方式选择也会产生较大影响。更严格的会计准则和监管制度降低了会计处理灵活性，公司更倾向于操控经营活动进行真实盈余管理（Ewert and Wagenhofer，2005；Tan and Jamal，2006）。Ipino 和 Parbonetti（2011）发现，强制采用 IFRS 的国家，盈余管理方式从应计向真实盈余管理方式转移。Cohen 等（2008）研究发现，《萨班斯—奥克斯利法案》颁布实施后，伴随着应计盈余管理的下降，真实盈余管理活动则显著增加了。Kuo等（2014）研究表明，在中国新兴资本市场中，股权分置改革并未提高上市公司财务信息的质量，盈余管理方式从应计向更不易被觉察和监管较弱的真实盈余管理方式转变。刘启亮等（2011）研究发现，我国新会计准则的实施，导致应计盈余管理有所增加，真实盈余管理有所减少。李增福等（2011）研究发现，我国 2007 年的两税合并背景下，当公司预计税率上升时，倾向于正向真实盈余管理；预计税率下降时，公司则倾向于负向应计盈余管理。

4. 应计与真实盈余管理方式的相互关系

真实盈余管理方式和应计盈余管理方式之间究竟存在什么关系？在采用时是否存在先后顺序？已有文献表明，二者之间存在替代关系，并且管理层对不同的盈余管理方式存在偏好。Pincus 和 Rajgopal（2002）研究发现，真实和应计盈余管理方式是可以相互替代的，并存在优先次序。为降低油价引起的盈余波动幅度，石油和天然气行业的公司会首先利用衍生品规避油价风险，在第四季度，则会在异常应计和衍生品之间进行权衡以调整剩余的收益波动。Cohen 等（2008）研究发现，《萨班斯—奥克斯利法案》颁布后，监管力度的加强使得盈余管理方式之间存在一定的替代关系。Cohen 和 Zarowin（2010）发现，上市公司在 SEO 当年，真实盈余管理与应计盈余管理显著正相关。与 Cohen 等（2008）、Cohen 和 Zarowin（2010）的研究不同，Zang（2012）研究发现，真实与应计盈余管理方式之间的替代关系中存在优先次序，管理层会优先选择真实盈余管理方式调整盈余，然后根据实际需要，采用应计盈余管理方式作为调节盈余的补充手段。与Zang（2012）的研究结论不同，Badertscher（2011）研究发现，公司价值被高估的持续期与盈余管理方式选择紧密相关，为保持股权被高估的持续性，管理层在早期先采用应计盈余管理方式，后期则采用真实盈余管理方式。

针对我国上市公司，李增福等（2011）发现，企业基于避税的盈余管理中，应计和真实盈余管理方式之间具有一定的相互替代性。李增福等（2011）研究发现，上市公司在股权再融资过程中会同时采用真实和应计两种不同的盈余管理方式调整盈余。为达到预期的盈余目标，当一种盈余管理方式受到限制时，管理者转而采用另一种方式作为补充。李增福和黄华林（2011）发现定向增发新股的公司在定向增发前选择了应计和真实两种不同的盈余管理方式提高盈余。侯晓红（2013）在 Hausman 设定误差检验结果的基础上，发现微利公司管理层对应计和真实盈余管理是同时做出的决策，两者并没有优先次序。

三　盈余管理对未来经营业绩的影响

关于盈余管理对公司未来经营业绩的影响，最初的研究仅局限于应计盈余管理方式，得出的较为一致的结论是，应计盈余管理的反转导致了重大事件完成后公司经营业绩的下滑。Rangan（1998）、Teoh 等（1998）、Du Charme 等（2004）、Shivakumar（2000）从盈余管理视角解释了"再融资后的业绩下降之谜"，认为公司再融资之前有意提高应计利润的盈余管理行为在再融资完成后发生的反转，是导致上市公司未来盈余和股票价格下降的主要原因。随着对盈余管理问题研究的不断深入，一些学者开始关注真实盈余管理方式对未来经营业绩的影响，认为真实盈余管理也会对未来经营业绩造成负面影响。Gunny（2005）认为，为避免亏损或者达到前期盈余而进行真实盈余管理的公司未来经营业绩有显著下降，投资者无法识别管理层利用削减研发费用和改变资产交易时点这两种真实盈余管理方式对未来业绩的负面影响，但是分析师能够完全认识到各种盈余管理方式对未来经营业绩的负面影响。Ewert 和 Wagenhofer（2005）、Leggett 等（2009）研究发现，构造真实业务实施盈余管理的公司会偏离正常的经营轨道，对未来经营业绩造成负面影响。随着对盈余管理更加深入的理解，学者们从两种不同盈余管理方式对公司未来经营业绩影响是否存在显著差异展开了研究，并得到了真实盈余管理比应计盈余管理对公司未来经营业绩的负面影响更大的结论（Cohen and Zarowin，2010；Zang，2012）。Cohen 和 Zarowin（2010）在既有研究的基础上，对上市公司再融资后经营业绩与不同盈余管理方式之间的关系进行了研究，第一次为不同盈余管理方式对未来业绩的影响提供了经验证据，相对于应计盈余管理，真实盈余管理因改变了正常的经营活动对未来绩效下滑贡献更大。Kim 等（2009）研究了盈余管理如何影响公司的权益资本成本的问题，发现真实与应计盈余管理加剧了外部投资者对信息理解的不确定性，由于真实盈余管理引起的不确定比应计盈余管理严重，所以市场对真实盈余管理比对应计盈余管理会要求更高的风险溢价。

　　国内关于盈余管理与未来经营业绩关系的研究起步较晚，基本沿着"应计盈余管理—真实盈余管理—两种不同盈余管理方式进行比较"的脉络，研究成果与国外研究结论较一致。研究初期，从应计盈余管理的角度解释了我国上市公司配股后的业绩下滑现象。原红旗（2004）研究发现，在配股申请被监管机构批准的公司中，申请之前盈余管理水平较高的公司，配股后的经营业绩表现更差。张祥建和徐晋（2005）研究发现，配股后的经营业绩显著下降，这种资源配置效率的下降是由于配股前的盈余管理导致的。陆正飞和魏涛（2006）研究发现，配股后没有进行后续融资的公司会由于配股前应计利润的反转使经营业绩下滑，而配股后有后续融资的公司，其经营业绩下滑受到现金流量下降和应计利润反转的双重影响，说明盈余管理对未来经营业绩存在消极作用，但只能对配股后的业绩下滑提供部分解释。章卫东（2010）发现定向增发新股前的盈余管理导致公司业绩的下滑。随着研究的深入，学者们研究了真实盈余管理对公司未来经营业绩产生的负面影响。李彬和张俊瑞等（2008；2009；2010）研究了销售操控、生产操控和酌量性费用操控这三种具体的真实盈余管理方式对公司未来业绩的负面影响，发现销售操控导致公司未来三年每股收益的下降；生产操控引起了上市公司的资产回报率和经营活动现金流量的下降；酌量性费用操控以牺牲公司未来的经营能力为代价。蔡春等（2013）研究发现，IPO 公司采取的三种具体真实盈余管理方式对未来业绩产生负面影响的时点不同，销售操纵的负面影响在 IPO 一年后显现，生产操纵的负面影响在 IPO 两年后显现，酌量性费用操纵的负面作用在更长的时间后才能凸显出来。在对不同盈余管理方式对公司未来经营业绩的比较研究中，蔡春等（2013）发现应计盈余管理方式影响 IPO 企业的短期业绩，而真实盈余管理方式影响其长期业绩。李增福等（2012）发现，应计盈余管理造成公司定向增发后短期业绩的下滑，而真实盈余管理造成公司长期业绩的下滑。李增福等（2011）发现股权再融资过程中的应计盈余管理行为会造成公司未来业绩的下滑，但是真实盈余管理对未来业绩的负面影响更加严重。

然而，也有学者持不同观点，认为盈余管理不会对未来经营业绩产生负面影响，并为这种观点提供了经验证据。Burgstahler 和 Dichev（1997）认为，为取得或保持公司良好信誉和声誉的盈余管理行为会激励公司有更好的表现，因为良好的信誉使公司与客户、供应商和债权人的关系更加牢固。与那些没有进行真实盈余管理从而未达到盈余基准的公司相比，采用真实盈余管理达到盈余门槛的公司未来业绩更好。Shivakumar（2000）发现 SEO 公司的应计盈余管理并未对未来经营业绩造成负面影响，他认为企业的盈余管理行为是对市场预期的一个理性回应，能够被投资者识别。Gunny（2010）研究发现，与未进行真实盈余管理且未达到盈余基准的公司相比，进行真实盈余管理达到盈余基准的公司未来经营业绩更好，在一定程度上说明真实盈余管理并非机会主义行为。Taylo 和 Xu（2010）采用避亏、提高受限于应计项目操控的能力、达到分析师预测的能力三个标准确定进行真实盈余管理的公司，考察了真实盈余管理对未来经营业绩的影响。研究结果表明实施真实盈余管理的公司未来经营业绩并没有明显下降。这可能是因为《萨班斯—奥克斯利法案》颁布后更为严格的会计监管导致实施真实盈余管理的成本不断提高，管理层在决定是否实施真实盈余管理时会在收益和成本之间进行权衡导致的。

第二节　企业并购与盈余管理的相关研究

资本市场驱动并购活动是企业并购这一重大资本市场事件产生盈余管理的理论基础。这一理论可以追溯到 Nelson（1959）对美国并购活动历史的分析总结："并购的展开似乎不仅仅只是一种经济繁荣的表现，它也与资本市场的状态关系密切。两个要提到的扩展周期，并未伴随股价的大幅度上涨，并购的热潮也未出现。"这一思想使许多学者认识到股票市场对公司众多决策的重要影响。Shleifer 和 Vishny（2003）首次提出收购方股票的市场价值是并购活动的主要驱动力，这一理论与 Roll（1986）的自大假说相反，即不再认为市场是有效的，市场会错误估计收购方、目标方以及并购后的企业整合价值，而理性的管理者会利用市场的错误估价发动并购，并且公司存在使其权益被高估的诱因，股价被高估所带来的好处甚至使公司产生操纵利润提高股价的动机。Ang 和 Cheng（2006）为股票市场驱动并购活动的理论提供了经验证据，并发现股价被高估的企业在并购中更倾向于采用股票支付的方式。在并购活动中，管理者会理性地利用盈余的价值相关性，通过盈余管理影响股价以达到某些特定目的。企业并购与盈余管理的既有文献主要集中在对管理层收购（MBO）、换股并购及反向收购等不同类型并购活动中盈余管理问题的研究。

一　管理层收购与盈余管理

管理层收购在某种意义上说是一种对内收购，在 MBO 过程中，通常采用与公司历史盈余信息密切相关的普通股市值或盈余资本化方法确定公司价值。鉴于会计盈余对股票价值的重要影响，管理层在收购前存在低估盈余以降低收购成本的盈余管理激励，由于收购涉及债务融资，管理层有足够的时间进行盈余管理。然而，学者们在对管理层收购之前盈余管理行为所进行的研究却并没有得出一致的结论

（DeAngelo，1986；Dye，1988；Perry and Williams，1994；Wu，1997）。DeAngelo（1986）以 1973—1983 年 64 家美国上市公司为样本，考察了管理层在 MBO 之前是否利用应计项目进行盈余管理的问题，通过对收购前后应计利润变动额进行参数和非参数检验，并没有发现管理层在收购之前存在调低报告盈余的盈余管理证据。作者对这种现象的解释是：①可能是由于应计利润的计量方法过于简单，无法观测到盈余管理行为；②在管理层收购过程中，会计盈余信息所起的作用可能没有假设的大；③盈余管理在管理层收购中的重要作用引起了企业各方利益相关人的过分关注，加之外部独立审计师对 MBO 公司财务报表的严格审查以及财务顾问对公司真实价值的详细评估，使得公司管理层利用应计项目进行盈余管理的动机和空间大大减小。Dye（1988）提出在 MBO 过程中，为降低收购价格，经理人存在明显的动机进行盈余管理，但也没有找到证实这种动机的证据。Perry 和 Williams（1994）以 1981—1988 年发生管理层收购的 175 家公司为样本，对管理层在收购计划公告前是否存在调低收益的盈余管理行为进行了实证研究，发现公司的操控性应计利润在 MBO 前一年显著为负，第一次找到了公司管理层在 MBO 之前采取盈余管理策略调减报告盈余导致收益减少的证据。香港学者 Wu（1997）以 1980—1987 年 87 个管理层收购公司为样本，运用与 DeAngelo 不同的研究方法，实证发现在 MBO 之前，股价存在下降趋势，这种下降趋势与盈余变化存在相关性，说明管理层在 MBO 申请之前通过降低会计盈余致使股价下跌，并且盈余管理使收购成本平均降低了约 5000 万美元。Marquardt 和 Wiedman（2004a）以 1995—1999 年 100 个管理层收购事件为样本，发现相对于控制组样本，管理层收购公司的边际预期应收利润显著为负。

国内学者也展开了一系列对管理层收购中盈余管理问题的研究。何问陶和倪全宏（2005）对截至 2002 年年底进行 MBO 的 15 家上市公司进行了实证研究，但并未发现管理层在 MBO 之前进行盈余管理的证据，作者对此的解释是由于样本太少影响了研究结论，或者是上市公司采取了更为隐蔽的盈余管理手段，使研究中使用的模型无法检测出来。罗党论和徐舜（2005）对截至2002年年底进行MBO并可获取资料的15家上市公司进行的实证研究中，发现了上市公司在MBO前一年采用会计应计项目减少报告盈余的证据，同时发现，与配对样本公司相比，上市公司MBO前一年的销售费用和管理费用显著较大。魏乐（2008）研究发现，样本公司在MBO前一年操控性应计利润显著为负，表明存在利用会计应计项目进行向下盈余管理的行为。同时，发现样本公司在MBO后一年及后两年的线下项目显著大于控制组公司，说明存在利用线下项目增加盈余的向上盈余管理行为。刘步和刘晖（2012）发现，中国上市公司在管理层收购当年及前一年均存在人为调减盈余的行为，存在明显的财富转移效应。郎咸平等（2004）通过研究并购发生前上市公司的财务报表及股市表现，发现在并购当年，大幅拉高费用形成亏损以降低收购成本，同时为以后的资本运作预留"赢利"空间。总体来看，国内研究与国外研究结论比较一致，即公司管理层在MBO之前会进行向下盈余管理，以降低收购成本。

二　换股并购与盈余管理

换股并购过程中进行盈余管理的主要原因虽然也是为了降低收购成本，做法却与通过回购本公司股票达到收购目的的管理层收购这一并购类型截然不同。在换股并购中，公司股票成为并购交易的"通用货币"（Heron and Lie，2002），收购公司通过向上调整盈余来提升并购前的股票价格，降低换股比率。其作用机理是：由于股票价格与会计盈余存在价值相关性，会计盈余影响股票价格，股票价格影响换股比率，换股比率进而决定收购成本。并购前收购公司的股票价格越高，在并购交易中，目标公司换取收购公司股票的数量就越少，收购成本就越低。此外，还能够减少盈余、现有股东投票权和控制权被稀释的可能性。Erickson和Wang（1999）是较早系统研究并购中盈余管理问题的学者，他们认为，相比于MBO，学术界对数量和规模更大的对外并购缺少应有的关注，并断言与MBO不同，在换股收购过程中收购公司管理层存在向上盈余管理行为，以达到提升股价，降低并购成本的目的。并以1985—1990年间完成换股并购的公司为样本，实证考察了收购公司管理层在换股并购过程的盈余管理机会主义行为。在研究中，理论假设市场能够预测到收购公司在换股并购前会夸大盈余，在换股并购宣告时，无论公司是否进行了盈余管理，市场都会对其股价进行打折。因此，公司的最佳选择就是进行盈余管理，以对这种市场行为做出反应。与这种合理的市场预期相一致，公司操控性应计项目与事件完成后的市场反应负相关。作者对换股并购中的盈余管理现象从以下三方面进行了解释：现有股东偏爱高股价是因为高股价可以降低盈余被稀释的可能性；增发的股票数量越少，对现有股东以及管理层的投票权和控制权稀释程度就越低；收购公司股价越高，收购成本就越低。此后，国内外一系列研究为换股并购中的盈余管理现象提供了经验证据。

三　反向收购与盈余管理

反向收购（Reverse Mergers）也称"借壳上市"，指的是非上市公司（private firm）通过收购上市公司（壳公司）的股权获取相应的投票权和控制权，再反向收购非上市公司的资产和业务从而绕过复杂的 IPO 上市程序取得上市资格的一种方式。与 IPO 上市方式相比，"借壳上市"所需时间短、费用低、监管相对宽松，诸多方面的优势使越来越多的中国公司通过反向收购的方式在美国资本市场取得上市资格。然而，这类公司上市后较差的市场表现及财务状况引起了媒体、股东及监管者的关注，美国证券交易委员会等相关部门怀疑该类公司可能存在会计违规及审计不严等问题并展开调查。与 IPO 不同，由于"借壳上市"不需通过发行股票筹集资金，加之相对宽松的监管要求使得反向收购的公司存在向上盈余管理的激励（Lee and Masulis，2011）。这类公司普遍资产规模较小、成长性较好但是收入甚微，基本面较差，信息不对称程度更高（Adjei et al.，2008），法律执行不够有效，与通过 IPO 途径在美国上市的美国公司及中国公司相比，在"借壳上市"过程中存在强烈的盈余管理动机，以提高股价，保持股价高估以及提高未来筹集资金的可能性。Zhu 等（2015）以 1990—2011 年 132 家在美国资本市场通过反向收购方式成功上市的中国公司为研究对象，对该类公司是否存在盈余管理问题进行了研究。研究发现，通过借壳的方式在美上市的中国公司在反向收购当年进行了显著向上的盈余调整，相对于非"四大"审计的上市公司，经"四大"审计的上市公司盈余管理程度更低。该类公司在实施盈余管理策略的过程中，不仅采用了应计盈余管理方式，而且采用了真实盈余管理方式，由于应计盈余管理方式的成本及约束，在收购完成之后，诉诸真实盈余管理方式进行盈余管理。

第三节　收购公司及目标公司盈余管理的相关研究

一　目标公司盈余管理的研究

在企业并购过程中，目标公司存在操纵盈余的动机。一方面，由于盈余信息能够向外界传递潜在盈利状况的信号，直接影响并购交易价格，从这一角度来解读，盈余是有价值的；另一方面，依据控制权市场理论，在信息不对称条件下，股东掌握的信息相对较少，暂时性的低盈余信息会导致股价被低估，提高了以不合理的价格被收购的可能性。效率低下的管理者面对控制权市场压力，为破坏接管的威胁，管理层会采取粉饰短期绩效的短视行为（Stein，1988）。虽然 Erickson 和 Wang（1999）并未发现目标公司进行向上盈余管理的经验证据，但由于作者对盈余管理水平测度的是谈判及并购公告之后的，而此时进行盈余管理相对于公告之前可能为时较晚，因此对作者的研究结论应小心解读。DeAngelo（1988）研究发现，在争夺代理权过程中，经理人为使股东确信他们的经营管理能力，保住自己的职位，存在强烈的向上盈余管理激励。Easterwood（1998）以美国 1985—1989 年间发生的并购事件中 110 家目标公司为样本，同时控制行业和规模影响选取了相应的配对样本，采用 DeAngelo 模型和修正的 Jones 模型测度了目标公司的盈余管理程度，研究发现被敌意收购的目标公司在并购宣告前一季度存在明显增加盈余信息的经验证据，试图通过调高盈余防御被敌意收购，未发现被善意收购的目标公司进行向上盈余管理的证据。Christie 和 Zimmerman（1994）研究发现，目标公司比幸存的业内同行更加频繁地采用折旧、存货及投资税减免等会计处理方式调增盈余，这虽然一定程度表明目标公司存在会计处理方法上的机会主义行为，但追求效率则是对目标公司进行会计方法选择的一种更重要的解释。

由于我国特殊的股权结构及公司治理机制，对并购中目标公司是否存在盈余管理的研究，得出了与国外研究不太一致的结论。曾昭灶和李善民（2009）从盈余管理和盈余反应系数两个角度对我国发生控制权转移的上市公司盈余质量进行了实证研究，发现上市公司内部人为了控制权私有利益，在控制权转移前一年进行了负向盈余管理，在控制权转移当年和后一年，进行了正向盈余管理。从盈余反应系数来看，控制权转移公司盈余质量显著低于非样本公司。何燎原和王平心（2005）以深市 2002 年发生控制权转移的 79 家上市公司为样本，并选取了一组规模相当、行业相同但没发生控制权转移的上市公司为配对样本，对控制权转移中上市公司的盈余管理行为进行了研究。结果表明，为降低收购成本，在原控股股东与新控股股东的"合谋"下，上市公司在控制权转移前一年存在调减收益的行为。为提升公司市场形象及经营业绩，上市公司在控制权转移当年存在调增收益的盈余管理行为。秦耀林（2008）从上市公司股权集中和"一股独大"的特殊公司治理结构角度，研究了上市公司控制权转移前的盈余管理行为以及对控制权转移前后业绩变化的影响。认为控制权转移前上市公司的盈余管理动机是大股东为谋取私有收益，盈余管理的方向取决于盈余价值相关性，并且亏损公司与盈利公司的盈余价值相关性有明显差异，盈利公司调增盈余可以使大股东获得更多的转让溢价，而亏损公司则可以通过大幅调减盈余提升"壳"价值而使大股东获益。亏损公司控制权转移后的业绩提升是由于控制权转移前调减盈余的反转效应实现的，盈余管理行为对盈利公司的业绩变化的解释力较弱。王克敏和刘博（2104）基于控制权市场理论，研究发现，为应对离职风险，控制权转移公司高管存在向下盈余管理的激励，相对于非国有公司，国有公司在民营化前向下盈余管理更显著。

二　收购公司盈余管理的研究

1. 关于盈余管理的目的

关于收购公司盈余管理的既有研究主要集中在换股并购这一并购类型中。在换股并购中，收购公司管理层存在向上盈余管理激励，目的是提升收购公司的股价，降低换股比率，从而降低收购成本。如前文所述，国外学者对换股并购中收购公司盈余管理行为进行了深入研究，研究过程中虽然研究对象不同（比如国家不同，研究样本的时间跨度不同），但基本上得到了一致的结论（Erickson and Wang，1999；Louis，2004；Rahman and Bakar，2002；Botsari and Meeks，2008；Higgins，2013）。Erickson 和 Wang（1999）的实证研究首次发现为收购公司管理层在并购协议达成前进行向上盈余管理提供了经验证据，并且发现盈余管理的程度与并购规模正相关。Heron 和 Lie（2002）以 1985—1997 年完成并购的 859 个美国收购公司为样本（其中，427 个样本为股份支付），并未得出收购公司在并购前进行盈余管理的结论，笔者认为与 Erickson 和 Wang（1999）研究结论不同可能是由于选取样本或估计应计项的方法不同导致的。Louis（2004）延续了 Ericson 和 Wang（1999）的研究，以美国 1992—2000 年间发生并购的 373 个非金融类上市公司为样本（其中，236 个样本为股份支付），对上市公司并购前的应计盈余管理程度进行度量，得到了与 Erickson 和 Wang（1999）相一致的研究结论：收购公司操控性应计在换股并购前显著为正，而且统计显著（在收购公告前一季度尤为明显）。Louis（2004）在解决并购中是否存在盈余管理的问题后，进一步分析了盈余管理所导致的经济后果。研究发现，收购公司在并购公告前一季度进行了向上的应计盈余管理，其并购后的短期及长期业绩表现都与并购前应计盈余管理的程度显著负相关，这表明盈余管理的反转效应会导致上市公司并购业绩变差，为上市公司并购后绩效下滑提供了新的研究假说和经验证据。Rahman 和 Bakar（2002）以 1991—2000 年发生股份支付并购的 125 个马来西亚上市公司为样本，发现收购公司在并购前一年存在显著向上的盈余管理。Botsari 和 Meeks（2008）基于同样的思想研究了英国上市公司在并购中是否存在盈余管理现象。以

英国 1997—2001 年 147 家发生并购的上市公司为样本，采用修正的
Jones 模型得到的操纵性应计利润度量上市公司盈余管理的程度，研
究发现：英国上市公司在换股并购前同样存在盈余管理行为，收购公
司在收购前的累计超额收益显著为正，在收购后显著为负，进一步验
证了上市公司并购前的盈余管理动机是为了提升股价降低并购成本。
Higgins（2013）研究了日本上市公司换股并购前的盈余管理行为，实
证研究表明收购公司在换股并购前存在以降低收购成本为目的的盈余
管理行为，盈余管理程度是银行及外部投资者监管的减函数，是经济
收益的增函数。

国内学者对股份支付并购中收购公司的盈余管理行为进行了积极
探索，得出了与国外研究基本一致的结论。赵立彬和张秋生（2012）
利用 2008—2010 年中国上市公司换股并购的相关数据，研究了中国
上市公司换股并购中盈余管理的问题，发现收购公司在并购前一年存
在显著向上的盈余管理行为。张自巧和葛伟杰（2013）以 2008—
2010 年在并购过程中采用股份支付方式的中国上市公司为样本，实证
考察了收购公司在股份支付并购中，是否采用应计和真实两种不同盈
余管理方式调高短期收益，以降低收购成本，提升并购成功的概率。
研究发现：收购公司在换股并购前存在显著正向应计盈余管理行为及
真实盈余管理行为。

2. 关于盈余管理方式的权衡

国内外对收购公司盈余管理的早期研究成果，主要集中于考察应
计盈余管理方式。随着学术界对真实盈余管理方式的关注，张自巧
（2015）对中国上市公司在股份支付并购宣告前的真实盈余管理行为
进行了检验，研究表明股权分置改革后，收购公司通过采用更复杂更
隐蔽的真实活动盈余管理美化财务报表，以降低并购成本，提高并购
成功的概率。然而，基于应计和真实两种盈余管理方式的研究并不多
见。Zhu 等（2015）基于前人研究成果（Baderscher，2011；Cohen
and Zarowin，2010；Zang，2012），预期反向收购的中国公司在反向
收购过程中会在真实和应计盈余管理方式之间进行权衡，交替使用两
种不同的盈余管理方式。应计和真实盈余管理方式相对程度的高低取

决于二者相对成本的大小，这与 Zang（2012）提出的盈余管理方式权衡原则一致。作者在研究中重点考察了审计质量较高的"国际四大"是否能有效约束收购公司的盈余管理。对权衡模型的设计基于 Baderscher（2011）以及 Cohen 和 Zarowin（2010）采用的 Heckman（1979）两阶段模型，以真实盈余管理方式作为主要的解释变量，以"四大"、是否高诉讼行业、会计灵活度、财务绩效作为控制变量以捕捉两种不同盈余管理方式的相对成本。对影响因素的选择主要基于前人研究中采用的指标，而这些研究并未以并购环境为背景。

3. 关于盈余管理对并购绩效的影响

关于并购绩效的研究成果较为丰富，国外诸多学者采用超常收益法对并购双方股东的财富效应进行了研究，尽管样本数量、样本区间、资本市场特征、外部环境（法律、金融、资本市场、政治制度）存在差异，但是这些差异性影响不大，并购对并购双方股东财富效益的影响是类似的，目标公司股东是并购活动中的赢家，不同的是收益程度的多少，收购公司股东则收益甚微（Jensen and Ruback，1983；Schwert，1996；Bruner，2002；Frank et al.，1991）。此外，也有少数文献认为并购会导致收购方股东遭受财富损失（Hackbarth and Morellec，2008；Savor and Lu，2009；Erickson et al.，2011）。国内学者对并购双方股东的财富效益从短窗口的并购事件市场反应到长期的财务绩效做了许多有益的实证研究，然而并未得到一致结论。一种结论表明目标公司股东在并购事件中获得了正的累积异常收益，而并购方的累积异常收益不确定，甚至为负数（张新，2003）；另一种结论表明中国的二级市场收购并未给目标公司带来超额收益（洪锡熙和沈艺峰，2001），却给收购公司的股东带来显著的财富增加（李善民和陈玉罡，2002；陈涛和李善民，2011），但长期内却遭受了显著的财富损失（宋希亮等，2008）。

学者们开始尝试从会计信息质量—盈余管理这一重要维度解释并购绩效。最早有关盈余管理对并购绩效影响的文献是 Louis（2004）对换股并购中应计盈余管理与收购方并购后绩效关系的研究，研究结果表明，收购公司并购前应计盈余管理的程度与并购累计超额收益显著负相关，可能的解释是这类公司在收购前暂时调高的盈余在并购后的反转所致。Gong 等（2008）认为，Louis 只考虑了股票收购前收购方的盈余管理行为而没有考虑到潜在的诉讼风险，而换股并购前收购公司的应计盈余管理可能让收购公司陷入法律诉讼之中，并发现了应计盈余管理与法律诉讼正相关，从而引起公司长期经营业绩下滑的经验证据。Zhao 等（2011）从真实盈余管理视角考察接管保护与公司的经营绩效，发现当企业面临被接管的压力时，管理层更容易进行盈余管理以提高公司的业绩，真实盈余管理会使未来经营业绩降低，但是为达到盈余目标而有意进行的异常真实活动却提升了未来的经营业绩。赵立彬和张秋生（2012）实证研究发现，收购公司换股并购前的可操控应计利润是并购当期业绩下降的主要原因，并未有证据表明并购前一年的可操纵应计利润是并购后一年业绩下降的原因。张自巧和葛伟杰（2013）研究发现，盈余管理对收购公司换股并购完成后并购后一年公司业绩的下降具有一定的解释力度，业绩下滑受到并购前应计与真实盈余管理的交替影响。但作者仅仅考察了并购后一年的业绩变化，并未考察盈余管理对长期业绩的影响，而且也没有比较应计和真实盈余管理方式对并购绩效影响的差异性。Zhu 等（2015）在研究盈余管理的经济后果时预计，盈余管理的经济成本将反映在公司未来的经营业绩中。由于短期内真实盈余管理方式的成本低于应计盈余管理方式，而长期来看前者的成本会高于后者的成本（Graham et al.，2005），因此，短期内真实盈余管理方式对并购绩效的负面影响小于应计盈余管理方式，而在长期，真实盈余管理对上市公司未来经营业绩的负面影响大于应计盈余管理方式。研究结果表明，通过反向收购方式在美上市的中国公司在并购完成后一年，应计盈余管理对并购绩效的影响大于真实盈余管理方式，但是在第二年，真实盈余管理方式对并购绩效的负面影响显著大于应计盈余管理方式。

第四节　文献述评

通过对国内外关于盈余管理、企业并购与盈余管理、收购公司盈余管理的相关研究成果进行系统梳理后发现，作为资本市场的重要事件，IPO 与 SEO 过程中盈余管理的研究成果较丰富，而关于并购过程中盈余管理的研究成果并不多见。国外文献对企业并购与盈余管理问题的研究基于成熟资本市场，尚未涉及对中国上市公司并购过程中盈余管理问题的研究。研究范围重点集中在管理层收购和换股并购两大领域，重视对盈余管理行为进行实证检验，而对盈余管理产生的原因和机理缺乏深入系统的研究和探讨。国内对企业并购与盈余管理的研究处于起步阶段，研究成果相对较少，研究对象主要集中在对控制权转移公司的盈余管理行为进行研究，而对收购公司盈余管理问题的研究文献却很少。总体来看，既有研究存在以下不足及改进空间：

（1）关于企业并购与盈余管理的既有研究成果，注重传统的应计盈余管理方式，鲜有文献从应计和真实盈余管理方式两个维度对企业并购中的盈余管理问题进行全面研究。而近年来盈余管理研究领域出现了新进展，越来越多的学者注意到真实盈余管理方式的重要性，并将其与应计盈余管理方式一起纳入对盈余管理问题的研究中（Graham，2005；Cohen et al.，2008；Cohen and Zarowin，2010；Badertscher，2011；Zang，2012），否则忽略其中任何一种盈余管理方式都可能得到不准确的结论（Field et al.，2001）。随着会计准则的日臻完善、对并购事件监管力度的增加、并购交易的日益规范，上市公司可能采取更加隐蔽、灵活多样的盈余管理方式，因此，本书对收购公司盈余管理的研究拟从应计和真实两种不同盈余管理方式展开，以克服既有研究的局限性。

（2）关于收购公司盈余管理问题的既有研究主要集中在讨论上市公司在并购事件中是否存在盈余管理行为，注重对应计盈余管理水平的测度，而对于收购公司进行盈余管理的原因，大多从降低收购成本、避免控制权稀释等具体的驱动诱因展开（Erickson and Wang, 1999；Louis，2004；赵立彬，2012；张自巧和葛伟杰，2013），研究缺乏基础理论支撑。国内外仅有的几篇关于盈余管理方式的研究成果，主要通过比较成本优势进行盈余管理方式的选择，没有厘清盈余管理方式选择和影响因素之间的关系，在确定影响盈余管理方式选择的因素时缺乏客观依据，主观随意性较强（Cohen and Zarowin，2010；Zang，2012）。理论分析不够全面和深入，未挖掘出隐藏在影响因素背后的机理。尚无文献对收购公司盈余管理方式权衡的机理和决定因素进行研究，即探讨收购公司如何在应计盈余管理和真实盈余管理这两种不同的盈余管理方式之间做出合理决策，影响收购公司对不同盈余管理方式存在不同偏好的内、外部因素是什么？因此，本书拟系统、深入探究收购公司盈余管理现象背后的成因，诠释收购公司对应计和真实两种不同盈余管理方式进行权衡的机理。同时，聚焦于并购事件，从公司治理、并购交易、公司特征层面确定影响收购公司盈余管理方式权衡的主要因素，改进既有研究设计，构建收购公司对于应计与真实盈余管理方式的权衡模型。

（3）既有文献对并购前盈余管理与并购绩效之间关系的研究主要探讨了收购公司并购前进行的应计盈余管理对并购后绩效的影响，尚无文献对两种不同的盈余管理方式对并购绩效影响是否存在差异性进行研究，更没有文献研究并购能力在盈余管理与并购绩效关系中所起的作用。这是由于学术界对基于应计盈余管理所造成的盈余反转问题基本达成了一致意见（Guay et al.，1996；Beneish，1997；DeFond and Park，2001；Barton and Simko，2002；Kothari et al.，2005；Baber and Kang，2011），但对真实盈余管理所产生的经济后果尚处于争论阶段。诸多学者认为，真实盈余管理会降低企业的未来经营绩效（Ewert and Wagenhofer，2005；Gunny，2005；Roychowdhury，2006），且真实盈余管理比应计盈余管理会带来更为严重的经济后果（Graham et al.，2005；Cohen and Zarowin，2010；Zang，2012），但 Taylor 和 Xu（2010）等认为，真实活动盈余管理不一定会造成未来经营绩效的恶化。因此，在市场化程度不断提高、并购制度更为公平的环境下，研究应计和真实两种不同盈余管理方式对并购绩效的影响以及二者是否存在显著差异具有重要的意义。还应值得注意的是，针对并购这一资本市场重大事件，对盈余管理经济后果的研究，不能忽略并购能力这一对并购交易完成及并购绩效产生决定作用的重要因素。

（4）既有文献的研究结论有悖于变化的新环境。国内相关研究所选取的研究样本比较陈旧，多是基于股权分置改革之前的并购环境，政府对并购的干预色彩较浓厚，特别在早期的并购中，政府的"拉郎配"现象较严重，并购定价往往是扭曲的，不能反映标的的真实价值以及收购方的并购能力，很多并购交易是政府主导下的无偿划拨。2005年，我国开始进行股权分置改革，2006年新修订了《上市公司重大重组资产管理办法》，为我国企业在并购中采用股份支付并购对价扫清了制度障碍。2007年1月1日正式实施与国际接轨的新《会计准则》，2008年颁布《内部控制规范指引》等，并购相关法律法规的颁布和实施使我国资本市场的并购环境发生了很大变化。既有文献的研究结论可能不适应变化了的并购环境。另外，即使是对新环境下并购进行的研究，也由于样本选择期限过短使得研究结论不具有代表性。基于上述因素的考虑，本书选取新的研究样本及相关研究数据。

（5）对收购公司盈余管理问题的研究不够细致深入。既有文献大多关注对控制权转移公司盈余管理行为的研究，对收购公司盈余管理问题进行的研究相对较少。且在研究时并未区分并购类型，未充分考虑并购支付方式的差异、股权性质的差异、并购交易特性等方面的影响，研究较粗浅，不够深入，缺乏系统性和全面性。收购公司作为并购交易的主要发起者，将其作为研究对象尤为重要。随着我国经济的深入发展，市场化的并购行为将成为主流，特别是新环境下股份支付并购事件的逐渐增多，为系统研究并购中的盈余管理问题提供了条件。不容忽视的是，现金支付并购在并购事件中仍占据较大比例。因此，以收购公司为研究对象，系统研究收购公司在不同支付方式下的盈余管理、收购公司对盈余管理方式的权衡及影响等问题，对规范上市公司的财务行为、促进控制权市场的健康发展具有重要意义。

第三章 收购公司盈余管理的理论基础和现实基础

挖掘盈余管理产生的原因是进行盈余管理研究的基本前提（Lo，2008），既有研究主要基于现实制度背景某些具体层面探讨企业进行盈余管理的具体诱因，比如避亏、达到监管要求、达到前期或预期的盈余目标等，对理论基础层面的研究不够深入。本章构建博弈论、会计基础理论及现实基础层次结构分析框架，如图 3－1 所示，分别从理论基础及现实基础两方面深入剖析收购公司盈余管理的原因，为后续研究做铺垫。

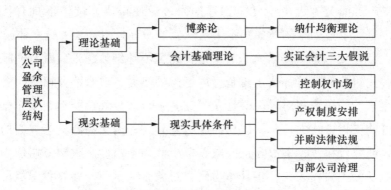

图 3－1 收购公司盈余管理的层次结构

第一节 收购公司盈余管理的理论基础

一 博弈论视角下收购公司盈余管理的机理

博弈论又称对策论，在整个决策过程中，强调博弈中的均衡，即在其他人策略不变的前提下，其策略是最优的。已有学者关注到了并购中的盈余管理现象，却对这种现象背后隐藏的本质问题，即这种现象产生的理论机理缺少系统性的思考和研究。博弈论作为现代经济学的分支，在解决经济学及管理学问题中的地位和作用越来越突出，纳什均衡理论对我们分析并购中盈余管理现象产生的机理提供了一些有益的思路。

1. 并购中的盈余管理问题是一个"零和博弈"问题

并购作为企业进行外部扩张的重大投资行为，从收购公司对目标公司存在并购意向到双方进行协商谈判再到最终确定并购对价完成交割，是一个充满风险的漫长过程。一旦并购失败，不仅不能实现价值创造的初衷，并购前期准备和运作过程中所耗费的人力、物力和财力会转变为沉没成本，给企业带来巨大的损失。在企业并购过程中，并购定价环节是决定并购能否成功的关键，并购定价反映了并购双方为达到各自利益最大化博弈的结果，收购方希望支付较低的收购成本，目标方希望得到较高的并购溢价。由于会计盈余信息对公司价值评估和并购定价具有重大影响，当管理层意识到会计信息对并购成功概率以及对并购绩效会产生积极影响时，就有动机通过盈余管理的手段操纵会计数字。因此，在并购定价环节，博弈参与者有足够的动力进行不规范操作以获得最大化效用。而在博弈过程中，并购交易双方的收益总和是均衡的，并购一方从盈余管理中获得的利益必然是以并购交易另一方的损失为代价的。博弈各方收益和损失总和永远为"零"，双方不存在合作的可能，且博弈的参与方能够预测到对方的策略空间及策略选择，这说明，并购中的盈余管理是完全信息下典型的"零和博弈"。

2. 并购交易主体在盈余管理决策博弈中的纳什均衡

纳什均衡理论研究的是非合作博弈问题，强调信息不对称条件下的个体理性。在博弈中，纳什均衡描绘出的局面是：对于每个参与者来说，只要其他人不改变策略，任何一方参与者都无法改善自己的状况。"纳什均衡"不一定是帕累托最优，这一论断从本质上挑战了传统经济学的根基，深刻地改变了其研究方法，成为奠定现代主流博弈理论和经济理论的基础，并成为经济学领域外的政治、军事、进化生物学、会计、统计及计算机科学等领域重要的研究和分析工具。

以博弈论为指导，深入分析并购中的盈余管理现象时会发现，并购交易双方在是否进行盈余管理的决策中陷入了"困境"。并购交易中参与博弈的双方虽然不是单独的个人，而是两家企业，但结果却相同，交易双方在理性地追求自身利益最大化时，最终做出了都进行盈余管理这个无法于己最优的而是次优的选择。下面我们采用博弈论中的箭头法对并购交易的博弈得利矩阵进行分析：

作为商务控制权转移的并购交易，与一般的商品交易存在相同之处，遵循着财务管理的双边交易原则，即并购交易的双方都是自身利益最大化的追求者，同样智慧、理性和精明。目标公司想获取最高限度的并购溢价，收购公司想最大限度地降低收购成本，而双方经过多次协商，讨价还价最终达成的并购对价或许背离了目标方资产或股权的真实价值，导致这种结果的主要原因是并购过程中存在盈余管理行为。目标公司管理层为降低被接管的威胁，在做出股权或资产出售的决策时，为获取私有利益，取得较高的并购溢价，会通过盈余管理行为来粉饰财务报告，以传递误导对方决策的会计信息（DeAngelo，1988；Stein，1988；Christie and Zimmerman，1994；Esterwood，1998）。国内学者则发现目标公司在控制权转移前，存在明显调减收益的盈余管理行为（何燎原和王平心，2005；秦耀林，2008；王克敏和刘博，2014）），这是由于中国上市公司内部公司治理机制未能有效发挥作用，控制权市场这一外部公司治理机制市场化程度不高，在个人私利的驱动下，极易与收购公司达成共谋低价转让控制权。而作为并购交易另一方的收购公司，能预测到目标公司的盈余管理动机，但是却不能确定其是否会采取盈余管理行动。在不能确定目标公司是否进行盈余管理的情况下，收购公司为追求自身利益的最大化，会理性地做出进行盈余管理的选择。这是因为一方面，作为理性的经济人，一旦目标公司进行了盈余管理，收购公司不进行盈余管理，就会付出更高的收购成本，这部分溢价会成为目标公司的超额收益；另一方面，即使目标公司没有进行盈余管理，收购公司的理性选择还是进行盈余管理，这会使收购公司少付出收购成本，获得私有利益。同理，目标公司基于同样的逻辑分析也会做出相同的选择。因此，在并购双方信息不对称、互不信任并且存在防范心理的情况下，在对交易另一方作何选择不确定的情况下，并购双方都会做出进行盈余管理的决定，这种决定对并购双方来说并不是最优选择，不能使并购双方获取最大的利益。表3-1是关于并购双方盈余管理的博弈矩阵。

表3-1　　　　　　　　并购交易双方盈余管理博弈矩阵

目标公司 收购公司	进行盈余管理	不进行盈余管理
进行盈余管理	(a，-a) ←	(10，-10) ↑
不进行盈余管理	(-10，10) ←	(0，0) ↑

　　下面采用分析完全信息静态博弈问题的基本方法——箭头法对并购双方盈余管理博弈矩阵进行分析，其基本思路是通过反映各个博弈方选择倾向的箭头，以得到博弈矩阵中具有相对稳定性的策略组合，即"纳什均衡解"。具体而言，对盈余管理博弈矩阵中的每一个策略组合进行分析，考察各个博弈方在每个策略组合处是否能够通过改变策略增加收益，若能，则从该策略组合所对应的得益数组引出一个箭头，箭头指向增加收益的策略组合对应的得益数组，通过对每个策略组合的分析，最终得到博弈结果。

　　在并购双方盈余管理博弈矩阵中，存在四个策略组合及相对应的得益数组，分别为收购公司和目标公司都进行盈余管理（a，-a）；收购公司进行盈余管理目标公司不进行盈余管理（10，-10）；收购公司不进行盈余管理目标公司进行盈余管理（-10，10）；收购公司和目标公司都不进行盈余管理（0，0）。从并购双方盈余管理博弈四个策略组合的任意一个均可开始进行分析，不妨先从策略组合（不进行盈余管理，不进行盈余管理）开始，假设采取该策略，并购双方的得益数值均为0，即双方都无法获得额外收益，也不会有任何损失，并购交易处于最为理想的公允状态。但是收购公司和目标公司很快就会发现，在对方不改变策略的情况下，自己单方面改变策略，能够获得额外得益。在矩阵中可以看到，得益能从 0 提高到 10，因此，收购公司会改变自己的策略，从不进行盈余管理转为进行盈余管理，使策略组合从原来的（不进行盈余管理，不进行盈余管理）变为（进行盈余管理，不进行盈余管理），在博弈矩阵图中，用原策略组合的得益数组（0，0）指向新策略组合的得益数组（10，−10）的箭头表示这种倾向。在该策略组合中，收购公司额外获利 10，相应的目标公司损失 10。如前所述，并购交易的双方同样智慧，作为最大利益追求者的理性经济人，目标公司也会单独改变自己的策略，使策略组合从原来的（不进行盈余管理，不进行盈余管理）变为（不进行盈余管理，进行盈余管理），在博弈矩阵图中，用原策略组合的得益数组（0，0）指向新策略组合的得益数组（−10，10）的箭头表示这种倾向。在这种策略组合中，收购公司损失 10，相应的目标公司获利 10。以上分析说明策略组合（不进行盈余管理，不进行盈余管理）是不稳定的。

现在再来分析策略组合（进行盈余管理，不进行盈余管理）。采用这个策略组合时，收购公司很满意自己的得益，不会有改变策略的动机，但是目标公司却会发觉改变策略可以改善自己的得益，因此，理性地将策略组合从（进行盈余管理，不进行盈余管理）变为（进行盈余管理，进行盈余管理），目标公司的损失也相应的从 −10 变为 −a（0 < a < 10），收购公司的得益相应地从 10 降为 a。博弈矩阵图中从前者得益数组（10，−10）指向后者得益数组（a，−a）的箭头表示这种倾向。而在（不进行盈余管理，进行盈余管理）策略组合，也存在类似情况，目标公司很满意自己的得益，不会有改变策略的动机，但是收购公司却会发觉改变策略可以改善自己的得益，因此，理性地将策略组合从（不进行盈余管理，进行盈余管理）变为（进行盈余管理，进行盈余管理），收购公司的得益也相应地从 −10 提高到 a（a < 0），博弈矩阵图中从前者得益数组（−10，10）指向后者得益数组（a，−a）的箭头表示这种倾向。以上分析说明策略组合无论是（进行盈余管理，不进行盈余管理）还是（不进行盈余管理，进

行盈余管理）都是不稳定的。

最后，分析博弈矩阵中（进行盈余管理，进行盈余管理）的策略组合。此时双方的损益值为（a，－a），其中a表示并购双方盈余管理程度的差异。由于双方的盈余管理会相互冲抵，所以有│a│<10。无论a的取值是正数、负数或0，（a，－a）都是纳什均衡。

（1）当a>0时，即0<a<10，收购公司的盈余管理水平高于目标公司。收购公司获利a，而目标公司损失a。在收购公司策略不变的情况下，如果目标公司改变策略（即选择不进行盈余管理）其损失将会增加到－10。所以作为理性人，目标公司不会单独改变策略。同理，收购公司如果单独改变策略会使其得益由a降低到－10，收购公司也不会单独改变策略。因此，此时（a，－a）是纳什均衡解。

（2）当a<0时，即－10<a<0，目标公司的盈余管理水平高于收购公司。在收购公司策略不变的情况下，如果目标公司改变策略（即选择不进行盈余管理）其得益由－a变为－10。所以作为理性人，目标公司不会单独改变策略。同理，收购公司如果单独改变策略会使其损失值由a降低到－10，收购公司也不会单独改变策略。因此，此时（a，－a）是纳什均衡解。

（3）当a=0时，目标公司与收购公司的盈余管理水平相同。在收购公司策略不变的情况下，如果目标公司改变策略（即选择不进行盈余管理）其得益会从0变为－10。所以作为理性人，目标公司不会单独改变策略。同理，收购公司如果单独改变策略会使其得益由0降低到－10，收购公司也不会单独改变策略。因此，此时（a，－a）是纳什均衡解。

综上所述，并购双方都选择盈余管理策略是"纳什均衡解"。无论我们把有意调整盈余的行为冠以多么动听的名字，也改变不了"盈余管理"实质是违背价值中立性原则的不规范行为这一事实。然而，并购双方都是理性的"经济"人，只关心自己的利益，而不关心另一方的利益。假设目标方实施盈余管理收购方不实施就会害怕，假设收购方实施盈余管理而目标方没有实施也会担心。在自身利益最大化的驱动下，有限理性的并购双方存在着与"囚徒两难困境"极为相似的矛盾心理，博弈的纳什均衡是双方都理智地选择了进行盈余管理，这是在并购交易的一方对另一方是否会进行盈余管理不确定性的恐惧中所做出的现实选择。Erickson 和 Wang（1999）曾指出，并购交易双方会合理预期对方的盈余管理行为，并购定价的确定会根据预期的盈余管理水平进行调整。无论收购公司是否进行盈余管理，目标公司都会认为收购公司对报告盈余进行了操控。如果收购公司不进行盈余管理，就会支付更多成本，给公司带来损失。可见，收购公司进行盈余管理是一种理性选择。

二　基于实证会计三大假说的盈余管理诱因

会计理论中，无论是"受托责任观"还是"信息决策观"，都突出了会计盈余信息的重要地位，解释了盈余信息的重要性。源于两权分离的"受托责任观"下，相关利益者对受托人经济管理责任的评价常常基于最能综合反映企业经营状况的盈余信息，以此约束、监控经理人以最大化股东利益。源于决策有用信息需求的"信息决策观"需要参考盈余信息进行理性投资决策。由于盈余信息包含了未预期盈余的增量信息，在信息不对称情况下，会计的双重性（在受托责任评价以及在投资决策中的价值）滋生机会主义，这必将导致盈余成为被管理和操控的对象。会计选择的三大假说，即经理人参与分红假说、举债经营假说以及政治成本假说，解释了管理者选择会计程序及方法管理盈余的动机和行为，并得到了实证会计研究经验证据的支持。在并购环境下，以 Watts 和 Zimmerman（1986）提出的实证会计三大假说为基础，满足政府的管制约束构成了收购公司盈余管理的主要诱因：

依据举债经营假说，为了规避债务风险，上市公司管理层存在操纵会计处理过程调整盈余的动机，以误导债权人对公司业绩的理解。这一假说已经得到了国内外经验研究的支持（Defond et al.，1994；Beneish，1997；Roychowdhury，2006；陆正飞等，2008；李增福等，2011）。股权分置改革之后，随着并购市场化程度的提高，并购融资能力对于并购成功意义重大（赵立彬，2015）。由于我国相关法律法规对并购融资存在强制性管制，导致企业融资能力与并购支付方式的相关程度存在显著差异。现金支付并购能否成功与并购融资能力息息

相关，特别是对于存在外部融资依赖的企业。囿于 1996 年《贷款通
则》关于银行贷款不能用于并购投资的明确规定，致使许多收购公司
面临融资约束的窘境。2008 年，《银行并购贷款风险管理指引》的颁
布确保了银行借款可以为并购融资的合法地位。但是，银行为控制信
贷风险，在确定信贷额度时以企业的信用水平、财务状况及发展前景
为判断基准，这无疑助长了收购公司盈余管理的动机。理论上，采用
股份支付并购对价不受融资能力的制约，但在我国的资本市场上，由
于股权融资成本低，能带来巨大收益，为降低或逃避负债契约风险，
上市公司偏好股权融资。目前，通过定向增发融资方式已经成为并购
的重要手段和助推器，虽然对非公开发行股票没有明确的会计盈余指
标要求，但是却对发行对象、发行价格、锁定期限等做了严格规定，
上市公司只有达到管制要求才能通过增发配股的形式进行再融资。实
务中股份支付并购常常采用定向增发的方式，实质上是一种隐性再融
资，而会计信息指标很大程度上影响发行价格，加之审批流程复杂，
要求较严格。因此，上市公司也存在粉饰会计业绩的盈余管理激励。

依据政治成本假说，会计盈余常被政府用作判断企业是否"垄
断"的证据，政治成本越高，上市公司进行负向盈余管理的可能性越
大（Han et al.，1998；Monem，2003；刘运国和刘梦宁，2015）。基
于我国特殊的国情，学者们提出了相反的政治成本假说，即为获得政
府的支持和帮助，上市公司管理层存在向上盈余管理的激励（李增福
和周婷，2013；雷光勇和刘慧龙，2006）。在新兴加转型的资本市场
上，政治活动对企业管理会产生很大的影响，"寻租"激励收购公司
进行盈余管理。政治活动是以公共福利最大化为目标的政府和追求自
身效用最大化的企业之间的博弈过程，会计数据在财富转移活动中发
挥着重要作用，企业为在这场博弈中获得更多的政治资本，争取更多
的财富份额，在政府各种优惠政策的激励下，当发现潜在的目标公司
有潜能实现协同利益的情况下，有动机利用会计方法选择或构造交易
的手段调增收益进行"寻租"，以获得更多资源和财富。在并购活动
中，若能够得到政府支持，达到管制的合法性要求，对于并购成功及
并购交易完成后的并购绩效至关重要。因此，获得政府的支持，达到

其管制约束构成了收购公司进行盈余管理的又一主要诱因。

依据经理人参与分红假说，公司高管薪酬与会计信息联系紧密，为获取更多的个人利益，管理层存在将未来盈余提前到当期确认，粉饰当期会计业绩的激励（Holthausen et al.，1995；Bergstresser and Philippon，2006）。股权分置改革后，委托代理问题依然长期存在。有效的高管薪酬契约是降低信息不对称、缓解委托代理问题，激励管理层努力服务于企业目标的一种有效机制。由于"契约摩擦"和"信息沟通阻滞"（Schipper，1989；Fan and Wong，2002），薪酬契约的不完备日益成为诱发公司高管实施盈余管理的又一主要因素（Hagerman et al.，1979；Holthausen，1995；Healy，1985；Watts and Zimmerman，1986）。在并购活动中，对股权转让定价的相关规定以上市公司的市场价值为基础，而会计信息直接影响市场价值（Ball and Brown，1968；Beaver，1968）；同时，高管的薪酬与企业盈利能力也密切相关。Harford 和 Li（2007）在研究并购后高管薪酬和并购绩效之间关系时发现，并购后公司业绩变差，其高管薪酬也不会减少，并购后公司业绩变好，高管薪酬则增加。然而，我国管理层持股比例很低，长期股权激励作用有限，作为"理性经济人"，为促使并购成功，获得更多薪酬及奖金，必然导致收购公司管理层关注会计业绩，在控制权转让过程中滋生盈余管理动机（Healy and Wahlen，1999）。

第二节　收购公司盈余管理的现实基础

制度经济学家一致认为，制度决定经济效益，制度促进经济增长，制度影响企业行为。制度经济学关注制度对经济行为的影响源于有限理性和机会主义两大假设，有限理性假设是指人们在已知的条件下，能够做出最优决策；机会主义假设是指只要自己不被处罚或者自己的行为不易被发现，在交易的过程中，人们会不择手段地谋取私利（甚至会损害他人利益）。在新兴的资本市场中，制度安排尤为重要，直接影响着决策者的行为（Hoskisson et al.，2000）。这些制度管制通常来自政府，且表现为正式的法律约束（Chan and Makino，2007）。
Andrade（2001）指出，任何具有解释力的并购理论必须考虑企业所
处制度环境的影响。因此，研究并购中的盈余管理行为，需立足于并
购现实环境，结合我国控制权市场、产权制度安排、法律法规的相关
管制要求和内部公司治理缺陷分析收购公司进行盈余管理的现实可
行性。

一　控制权市场及经理人市场效率较低

控制权市场作为一种重要的外部公司治理机制[1]，对低效率管理
能起到惩戒作用，继而激励管理层降低道德风险，努力提升企业价
值，否则，将面临被淘汰的威胁（Jensen and Ruback，1983；Jensen，
1986）。我国控制权市场在十几年的发展历程中经历了一个由政府主
导向市场化方向演化的过程，但与西方发达国家相比仍存在显著差
距，市场化水平较低，基于管理效率的经理人市场尚未建立，低效的
外部公司治理环境使盈余管理的实施成为可能。

在股权分置改革前，我国控制权市场呈现出明显的政府干预特
色。由于资本市场成立之初的功能定位以及我国以国有经济为主体的
经济制度，国有股在上市公司股权结构中居于主导地位。为克服"一
股独大"的公司治理弊端（Shleifer and Vishny，1986；La Porta et al.，
1999），国家出台了国有股减持政策，但是将国有股转让给社会法人
和个人必须经相关部门的审批，而地方政府在税收减免、人员安置、
土地使用方面拥有特权，导致控制权转移必然带有政府特色。同时，
我国股票市场上非流通股约占到2/3，与流通股并存的现实导致控制

---

① 并购的公司治理作用来源于Berle和Means（1932）提出的所有权与控制权分离理
论，两权分离导致委托代理问题，表现为管理层的机会主义行为对股东利益的侵害，以及
大股东（控股股东）对中小股东利益的侵害（Jensen and marking，1976）。Manne（1965）
发现接管市场是企业的外部治理手段，有效的资本市场能对管理效率进行识别，低效管理
的公司会被高效管理者所接管。Williamson（1988）提出了公司治理结构学说，将公司控制
权市场看作是改善公司治理结构的外部控制力量。Jensen（1986）发现接管并未浪费资源，
并购中所消耗的费用远不能与收购所能带来的利益相提并论。控制权市场能有效降低代理
成本，缓解委托代理问题，激励企业管理者为了声誉和长远利益努力工作，以避免受到经
理人市场的惩罚。

权转移大多采用协议转让及无偿划拨的形式。此外，审核制和审批制相结合的首次发行（IPO）上市制度使得上市公司成为珍贵的"壳"资源，许多企业不得不通过并购形式走迂回上市的道路。因此，在控制权市场供给远远小于需求（王克敏和刘博，2014）的现实背景下，股改之前的并购多以"借壳"及"保壳"为动机，呈现出"报表式重组"及投机炒作的特征。

我国于2005年启动了股权分置改革，为控制权市场的发展消除了制度障碍，激活了控制权市场，引导并购方式开始向市场化的战略性并购转变。然而，股权分置改革的完成并不能说明控制权市场就能迅速达到发达水平。股改后，流通股股东及原非流通股股东利益取向趋于一致，股价成为衡量股东利益的基础。但是大股东为获得更多利益，凭借股权优势及信息优势，甚至制造虚假信息操纵股价，造成股价与企业真实业绩的脱节，导致股价作为市场监督的有效机制无法发挥作用，这对上市公司的监管以及盈余管理的控制带来了更大挑战（王咏梅，2007）。由于对解禁的非流通股规定了很长的限售期（通常是36个月），股票的全流通未立即实现"同股同权"和"同股同利"，导致控股股东和中小股东之间的代理问题长期内依然存在。而上市公司的现金股利政策并未在我国股权分置改革后的资本市场发挥降低代理成本的作用（党红，2008）。此外，股权分置改革导致大股东的流通需求空前释放，引起控制权市场的供给严重超过需求（王克敏和刘博，2014）。对于上市公司而言，虽然面临着前所未有的并购机遇。然而一旦收购失败，不仅会遭受惨痛损失，还可能面临被标的的风险。在并购环境下，由于并购双方信息不对称，获得收益的多少取决于并购交易双方在盈余管理策略实施中的博弈行为。这时利益趋同理论居于主导地位，收购公司的大股东和管理层之间是利益共享的，大股东有动机监督管理层的行为；与不发达的控制权市场相适应，我国经理人市场也不发达，缺乏有效的管理效率评价体系，声誉机制在中国控制权市场并不能发挥应有的威慑作用，真正依据管理效率而晋升的职业经理人并不多（田伟若，2003），收购公司管理者往往更关注的是能否维持管理职位等短期利益，且有动机有能力实施盈余管理，以提高并购成功的概率。

二 特殊的产权制度安排

明晰的产权保护是确保控制权合理转让的前提，而我国特殊的产权制度安排为收购公司盈余管理的实施提供了可能。在我国新兴加转型的资本市场上，国有上市公司虽然按照现代企业制度的要求，树立了产权明晰、自主经营、自负盈亏的新形象。但我国特殊的产权制度使企业和政府依然存在联系。一方面，国企领导的任命和任职期限由政府决定，缺乏有效的经理人市场，国有上市公司中的管理者或者本身就为政府官员，或者在上市公司任期结束后重新又回到政府部门。[①]同时，政府对稀缺资源拥有较高的控制力，可以提供各种税收、信贷、土地使用权等各方面的诸多优惠和支持，鼓励有能力的上市公司采取兼并重组的方式，挽救绩差上市公司退市的命运，以达到对政府官员的政绩考核要求。潘红波和余明桂（2011）就曾指出，上市公司收购兼并既可能是"优质资产"，目的是帮助上市公司达到配股资格或避免亏损；也可能是"劣质资产"，目的则是获取控制权私人利益。这种并购虽然不能带来帕累托改进，但却能够迅速提高公司的融资能力，缓解融资约束。另一方面，即使在非国有上市公司，股权结构的失衡导致管理层也多是由大股东指派的，为获得信贷资源、税收等方面的优惠，管理层还会通过种种方式与政府取得关联。此外，我国特殊的产权结构导致失衡的股权结构，使资本集中在大股东手里，管理层持股比例较低，这种不合理的股权结构，一方面导致大股东有能力监督甚至控制管理层，对经营决策产生实质影响，为获得更多控制权私有利益，大股东存在盈余管理的激励；另一方面，管理层由于持股比例低，激励手段单一，很容易产生逆向选择和道德风险问题，在大股东的控制下，易与大股东达成共谋，按照大股东的意愿实施盈余管理。

---

① 张维迎（2014）指出："国有企业领导人更多地把自己看成是政府官员，而不是企业经营者，他们的职业追求是仕途的升迁，而不是长期在企业工作。"我国国企的负责人多由组织任命，调任政府部门的可能性较大，为获得晋升机会，会采取并购方式实现企业规模的增加。

总之，特殊的产权制度及政绩考核方式使政府有动机帮助上市公司达到管制要求的"会计利润"，加之"所有者缺位"现象致使的政府监督成本较高，监督效果有限，相比于所有者及外部投资者，管理层拥有更多关于公司财务、生产经营及未来发展状况等方面的信息（Loughran and Ritter，1995；Baker and Wurgler，2000），信息不对称的加剧，也为收购公司实施盈余管理创造了现实条件。

三　并购重组的法律法规的执行力不足

从信息披露的视角，Bushman 等（2004）提出，国家的法律制度与公司治理透明度紧密相关，投资者法律保护水平直接影响公司财务决策（Shleifer and Vishny，1997；La Porta et al.，2000）。Leuz 等（2003）通过跨国比较研究，发现发达的资本市场、分散的股权结构、良好的投资者法律保护及执行机制的国家，上市公司盈余管理水平较低。我国在股权分置改革开始后，陆续出台了一系列并购重组的法律法规（见表 3 - 2），与之前的相关法规构成了一个分层次的有序体系①，为并购活动提供了有效的制度及法律保证，使并购活动在相对规范的环境下进行。

表 3 - 2　　　我国 2006 年以后颁布的关于并购重组的法律法规

时间	具体的法律法规
2006 年 5 月 8 日	《上市公司证券发行管理办法》，对向特定对象非公开发行股份的条件、发行程序、信息披露等做出了具体规定

---

①　关于我国并购重组相关法律法规体系，第一层次是规范上市公司并购的基本法律，由《公司法》和《证券法》组成，主要对并购重组的程序、方式、期限以及公告披露等内容作了原则上的规范；第二层次是规范上市公司并购的行政法规，国务院 1993 年发布《股票发行与交易管理暂行条例》，对上市公司的收购程序作了规定，但缺乏对兼并收购操作层面的具体指引；第三层次是证监会相关部门的规章制度，对上市公司收购兼并涉及的具体操作性问题作出规定。如《公开发行股票公司信息披露实施细则（试行）》中第五章《临时报告——公司收购公告》以及《禁止证券欺诈行为暂行办法》是对上市公司并购股权变动及信息披露、欺诈行为进行规范的最早部门规章；2002 年 12 月 1 日正式实施的《上市公司收购管理办法》和《上市公司股东持股变动信息披露管理办法》，对兼并涉及的重要法律问题作了较为详细的规定。

续表

时间	具体的法律法规
2006 年 5 月 17 日	《上市公司收购管理办法》，明确规定证券（换股收购）可以作为支付手段，丰富了收购手段和工具，为大股东资产注入及实现整体上市提供了市场化渠道
2006 年 5 月 26 日	《关于进一步加快推进清欠工作的通知》，鼓励上市公司采用多样化的支付手段进行兼并重组，实现整体上市，从根源上消除对上市公司资金的占用
2006 年 8 月 15 日	《关于规范上市公司信息披露和相关各方行为的通知》，规范了披露的内容及格式，增强了上市公司控制权转移的信息披露透明度，强化信息披露监管，为保护中小投资者利益，维护市场秩序提供了基本保障
2006 年 8 月 15 日	《上市公司流通股协议转让业务办理暂行规定》提高了股份转让效率及并购的成功率
2006 年 9 月 1 日	《上市公司收购管理办法》将要约收购方式由强制性改为选择性，提高了收购方的灵活度，实行强制信息披露制度，强化中介机构的作用，简化了审批程序，注重公司治理质量，对管理层收购严格监管，以充分发挥市场的约束力作用
2006 年 9 月 8 日	《关于外国投资者并购境内企业的规定》提出，外国投资者并购境内企业时，可以采用股份支付手段
2006 年 11 月 14 日	财政部发布了《企业会计准则——应用指南》，要求上市公司在 2007 年 1 月 1 日实行新会计准则。其中，第 11 号股份支付，第 20 号企业合并、第 33 号合并财务报表对关于并购的会计处理做出了具体规定。有力提升了我国上市公司的信息透明度，使并购重组活动更加规范
2007 年 7 月 17 日	《关于在发行审核委员会中设立上市公司并购重组审核委员会的决定》和《上市公司并购重组审核委员会工作规程》，赋予上市公司并购重组审核委员会明确的法律地位，从审核机制上确保了并购审核的公开、公平、公正，进一步提高了上市公司并购重组的效率
2008 年 4 月 18 日	证监会发布了《上市公司重大资产重组管理办法》，对上市公司以发行股份作为对价支付方式、向特定对象购买资产的原则、条件、股份定价方式、股份锁定期等作了具体规定。进一步完善了并购交易决策和审批程序，鼓励、支持采用股份支付手段进行兼并重组，为并购重组创造了良好的监管环境
2008 年 7 月 4 日	证监会出台了《上市公司并购重组财务顾问业务管理办法》，对证券公司、投资咨询机构及其他符合条件的财务顾问机构从事并购重组财务顾问业务实行资格许可管理，规定了财务顾问主办人的资格条件

时间	具体的法律法规
2009 年 4 月 13 日	财政部和国家税务总局出台了《关于企业重组业务企业所得税处理若干问题的通知》，有关企业并购重组的税收负担大幅降低，企业合乎规定的股权收购等行为将可以免税
2009 年 6 月 22 日	商务部发布了《商务部关于外国投资者并购境内企业的规定》，进一步促进和规范了外国投资者来华投资
2012 年 2 月 14 日	中国证券监督管理委员会出台了《关于修改〈上市公司收购管理办法〉第六十二条及第六十三条的决定》
2014 年 10 月 23 日	中国证券监督管理委员会出台了《关于修改〈上市公司收购管理办法〉的决定》，进一步规范了收购及相关股份权益变动活动

上述相关法律法规的出台及实施增大了对并购活动的外部监管力度，控制权市场环境得到了明显改善，控制权市场的市场化进程明显，呈现出与资产市场成立之初"拉郎配"式的并购不同的特征。但仍存在以下问题：

（1）由于契约的不完备，相关法律法规难以解决实际业务中出现的新问题。会计准则方面，会计准则的制定赋予了管理层一定的"职业判断"空间。加之我国目前执行的新《会计准则》是以原则为导向的，会计处理的灵活性相对更大，为收购公司盈余管理的实施提供了可能空间，只是手段更复杂更隐蔽了。比如：新《会计准则》规定，流动资产减值准备在价值回升后可以转回，长期资产减值准备一经确认不能转回（长期股权投资、固定资产、在建工程、无形资产、商誉等按照权益法核算的资产），但仅仅是指长期资产减值准备中公允价值的转回受到了限制，上市公司可以通过交易事项（债务重组、非货币性资产交易、出售资产等）前期多计提，后期通过资产处置的方式转出计提的准备实现利润调整。

（2）由于法律法规的执行力不足难以起到真正的威慑作用。虽然我国建立了一套相对较完整的并购重组法律法规体系，但在实际操作时执行力不足，对施害者的惩罚力度不够，对资本市场中违规行为的处罚主要针对上市公司，对相关责任人的经济处罚较轻，盈余管理成本和收益的悬殊助长了管理层在并购中实施盈余管理的侥幸心理和投机心理。比如：关于并购的信息披露制度，虽然强调透明度，且上市公司披露的财务报告都经过了审计师审计。然而现实中执行不到位，存在披露范围较小、披露内容不够详尽等缺陷，披露信息的避重就轻、语焉不详，许多上市公司未履行及时披露义务。对违反信息披露追究法律责任的实际操作中，注重行政及刑事责任，忽视最具法律威慑力的民事赔偿责任。在并购审计制度方面，股权分置改革之后，在政府的大力支持下，我国相继成立了一批规模大、服务质量高的会计师事务所，但总体而言审计质量参差不齐。长期以来，上市公司在审计机构的选取、审计费用的支付、审计服务的续约等方面居于主动地位。为应对日益激烈的行业竞争，审计机构不得不降低审计成本，甚至在利益的驱动下与上市公司"合谋"，出具违背其意愿但却能满足公司达到政府管制要求的审计报告，审计的独立公正遭到破坏，审计质量难以保证。审计机构未能有效监督上市公司，降低上市公司内外部人之间的信息不对称及诚信问题的作用难以发挥。此外，目前并购审计的重点范围是目标公司的财务报告，而对收购公司的财务报告较少关注，这就为收购公司实施盈余管理提供了便利条件。

四　内部公司治理机制约束力有限

公司治理机制包括内部治理和外部治理两层[1]，作为控制权市场的外部治理影响公司内部治理，同时，公司的内部治理机制也会对并购行为产生较大影响。公司的内部治理结构主要由股东大会、董事会和监事会、经理层组成，股东大会是公司最高权力机构，董事会是公司的决策机构，总经理是公司执行机构的最高负责人。理论界和实务界认识到了公司治理质量的重要性，良好的公司治理有助于更好地处理利益相关方的权责利关系，提高公司绩效，抑制盈余管理。已有大量研究表明，有效的公司治理机制可以约束管理层的盈余管理行为

---

[1]　Denis 和 McConnen（2003）认为"公司治理不仅包括企业内部机制，还涵盖企业外部机制。合理的机制能够使得公司管理层和公司所有者成为利益共同体，从而管理层决策能够建立在最大化公司所有者利益的基础之上"。其中，内部机制包括监督与制衡、激励和信息披露机制；而外部机制包括控制权竞争、外部接管及法律保护机制。

（Klein，2002；Xie et al.，2003；高雷和张杰，2008）。然而，我国上市公司的公司治理现状从总体来看仍有较多缺陷：首先，特殊的股权结构使股东大会无法代表全体股东的利益。我国上市公司股权较集中，结构不合理，同股同权的表决机制使中小股东对公司经营决策影响力很小，导致上市公司被大股东所绑架，股东大会形同虚设。股东治理受到持股比例较大的控股股东的实质性影响，中小股东治理效应相当有限，导致中小股东的利益得不到有效保障。我国上市公司呈现出大股东治理模式，管理层持股比例较低。为增加私有收益，管理者可能会利用与国家之间较长的委托代理链条，通过并购做大公司规模。其次，董事会权力集中，中小股东在董事会中没有发言的机会和权利，董事会运作效率并不明显，董事会专业委员会的形式化，董事缺乏长期激励约束机制，虽然大部分上市公司独立董事占董事会总人数的比例达到了证监会要求，但对公司决策的影响有限，监督作用并未得到有效发挥。最后，监事会治理水平低，独立性不够，对管理层具有实质性影响，无法确保客观公正地对董事会实施有效监督，监事会职能虚化和弱化的问题依然存在。可见，我国上市公司的内部公司治理对并购中盈余管理行为无法进行有效约束。

第四章　收购公司存在应计与真实
盈余管理方式吗？

理论逻辑分析表明，收购公司进行盈余管理是一种理性选择；我国目前的制度环境又为上市公司实施盈余管理创造了一定的可行条件。然而，在我国资本市场上，收购公司在并购中是否会进行盈余管理，是否会采用真实和应计盈余管理方式还需进一步分析和测度。

第一节　理论分析与研究假设

信息不对称是进行盈余管理的前提条件，如果并购双方信息完全对称，不存在"信息摩擦"和"沟通阻滞"，不存在交易成本，就不会产生盈余管理。但现实中资本市场是不完美的，信息不对称现象普遍存在，在并购双方对彼此实际经营状况缺乏了解的情况下，参考盈余信息进行决策的行为无疑增加了会计盈余信息的砝码，导致逆向选择机制发挥作用，滋生了并购中盈余管理动机。资本市场的外部监管力量和投资者保护水平与盈余管理密切相关（谢德仁，2011）。我国证券市场发展时间短，外部监管力量薄弱，内部公司治理水平不高，集中的股权结构使管理层容易被大股东"绑架"，中小投资者合法权益没有得到有效保护，为并购中的盈余管理行为提供了契机和条件。股权分置改革完成后，并购的市场化程度不断提高，相关部门对并购重组的监管力度不断增强，内幕交易、关联交易现象大大减少，但并没有证据表明并购重组的不规范行为完全得到了遏制，收购公司为获取利益，会有意操纵盈余信息和现金流量信息，只是手段可能更加隐蔽。与内幕交易及关联交易等手段相比，并购之前的应计盈余管理并未违背会计原则，面临的诉讼风险相对较小。而真实盈余管理方式将用于操控盈余的真实交易活动与正常的交易活动一起进入会计核算过程，很难甄别，所以审计风险和诉讼风险更低（Graham et al.，2005）。因此，为达到特殊目的，收购公司可能会同时使用应计和真实两种盈余管理方式实施盈余管理。

在并购战略的执行过程中，支付方式的选择至关重要，直接影响并购交易的成败，影响着收购公司的超额回报率（Travlos，1987；Myers and Majluf，1984；Frank et al.，1991；Fuller et al.，2002）。目前，现金支付和股份支付是两种最主要的并购支付方式。前者是指收购公司通过支付一定数量的现金获取相应的目标公司所有权；后者是指收购公司通过增发股票或者按照一定比例换取目标公司股票以获取相应的目标公司所有权。依据信号传递假设（Signaling Hypothesis），并购支付方式不同，会向外界传递许多隐含的信息，影响收购公司的资产结构、资本结构及后续经营决策（宋希亮，2013），导致投资者对公司股价及公司价值的重新判断和估值，继而导致盈余管理存在差异。

一 股份支付并购中的应计与真实盈余管理

Myers 和 Majluf（1984）研究发现，当公司股价被高估时，面对有利的投资机会，公司对所需资金偏好采用发行权益的方式。而股票价格与会计报告盈余之间存在密切联系，较高的会计报告盈余能带来较高的股价（Bernard and Thomas，1990；Chaney and Lewis，1995）。大量文献表明，为达到提高股票发行价格的目的，公司在 IPO、SEO 等重大资本市场事件中存在夸大会计盈余数字的机会主义行为（Teoh et al.，1998；Rangan，1998；Du Charme et al.，2001；李增福等，2011；蔡春等，2013）。

在股份支付并购中，目标公司股东让渡控制权所得到的补偿是收购公司的股票。收购完成后，目标公司股东成为收购公司的新股东，引起收购公司股权结构的变化，这必然会稀释收购公司原有股东的控制权和投票权，摊薄每股收益。在实务中，收购公司为支付并购对价所增发或换股的股票数量是以接近接管协议达成日的收购公司股价为基础计算的, 换股比率的确定和收购公司的股价密切相关。股价越高, 换股比率越低, 用于支付并购对价所需的股票数量越少, 取得目标公司控制权的成本越低, 对控股股东控制权的稀释程度越小。因此, 收购公司存在强烈向上调整会计报告盈余数字的盈余管理激励, 目的是提升股价, 尽可能减少新股发行数量, 降低收购成本, 避免新股发行数量过多对原有股东控制权、投票权及收益权的稀释。这种盈余管理是否能够成功提升收购公司的股价取决于分析师对盈余管理的识别能力, 依赖于市场信息传递的有效性。国外已有研究为收购公司并购前的向上盈余管理行为提供了经验证据。Smith (1996) 实证研究发现大量的存货、准备金提取、账户调整及配置方案与收购计划紧密相关。为降低收购成本, 收购公司在并购公告宣告前通过向上盈余管理调高了财务报告业绩 (Erickson and Wang, 1999, Louis, 2004; Rahman and Bakar, 2002; Botsari and Meeks, 2008)。Higgins (2013) 提出, 盈余管理的程度是盈余管理所能带来经济利益的增函数, 是监督成本的减函数。在我国股权分置改革之前, 并购定价以每股收益、净资产为定价基础, 股权分置改革后, 换股并购事件逐渐增多, 股票的市场价格成为盈余管理的主要驱动力。当收购公司认识到公司股价越高, 所需支付给目标公司的股票数量越少, 收购公司原有股东的投票权和收益权被稀释的程度也越低时, 会通过盈余管理的行为促使收购公司股票价值被高估, 降低支付给目标公司的实际成本。

并购作为资本市场的重大事件, 会引起公众媒体的极大关注。在公司治理较弱, 法律体系不健全, 中小投资者权益不能得到有效保护的国家, 公众媒体已经成为新兴资本市场对公司治理的有效替代机制发挥作用 (贺建刚等, 2008)。在资本市场上, 公众媒体通过信息解读和传播上的优势, 向社会公众及时披露加工整理后的信息, 对投资者的认知、信息的再造和传播产生巨大影响 (于忠泊等, 2011), 有效提高了投资者的信息识别能力 (Merton, 1987)。同时, 公众媒体的监督作用得到了普遍认可, 成为审计机关判断公司是否存在违法违规行为的重要依据。媒体通过作用于资本市场, 给管理者带来巨大的市场压力。在媒体关注的市场压力机制下，为满足资本市场的预期，管理者会通过盈余管理操纵会计报告盈余达到市场预期。因此，在股份支付并购中，面对强大的市场压力，为促使并购成功，收购公司存在向上调整会计盈余数字的激励。

二 现金支付并购中的应计与真实盈余管理

在现金支付并购中，并购对价的确定几乎不受收购公司股票价格的影响，收购公司的股权结构在并购交易完成后不会发生变化，避免了控制权、投票权及收益被稀释的风险。因此，理论界普遍认为现金支付并购中，收购公司不存在盈余管理动机，且相关文献也未发现收购公司在现金支付并购中的盈余管理行为（Erickson and Wang，1999；Louis，2004）。

在实际经济活动中，现金流是企业生存和发展的"血液"，影响企业的支付能力和对社会资源的配置效率。作为衡量和判断企业经营成果的重要指标之一，现金流量与会计盈余处于同样重要的地位。现金流量信息的及时披露有利于投资者对企业未来经营状况、现金流量（王化成等，2003）及财务困境进行预测（吴超鹏和吴世农，2005）。但遗憾的是，在盈余管理备受会计、经济及金融领域关注的情况下，现金流量管理却并未引起学术界和实务界的足够重视，研究成果相对较少。Roychowdhury（2004）提出，真实盈余管理会引起现金流量管理问题。当企业应计利润较大、收益波动剧烈、财务状况较差时，企业更有动机迎合分析师对现金流量的预测（Defond and Hung，2003）。张然（2007）研究发现，公司进行现金流量管理的诱因多为达到零值、分析师对现金流量的预测以及前期现金流量的水平值，表现为现金流量较高，可操控应计利润较低，公司的财务状况较好。

随着时间的推移，由于越来越多的利益相关者在综合评价企业经营状况时赋予现金流量信息越来越重要的地位，上市公司现金流量管理的频率和幅度显著增加（吴联生等，2007）。现金支付并购虽然不改变原有的股权结构，不会稀释股权收益，但依然存在现金流量管理的动机。根据交易成本理论（Transection Cost Theory），收购公司现金流充裕，有利于与目标方并购交易的达成，节约交易成本，有助于取得银行贷款，降低融资成本；根据前景理论（Prospect theory），当收购公司采用现金支付并购对价时，在信息不对称的条件下，向市场传递着收购公司现有资产可以产生较大现金流量，有能力充分利用目标公司成长机会（Hanson，1992）、公司发展前景良好、财务状况健康的积极信号。同时，还传递着收购公司股价被低估的信号，这有利于增强投资者的投资信心，促进股票价值上升（Myers and Majluf，1984）。此外，现金支付并购在短期内会产生巨大的现金支付需求，当这种需求超过预算和自身资金承受能力时，就转化为流动性风险，不仅影响并购交易的顺利完成，还会影响经营活动的正常运转及后续整合，甚至引起资金链断裂加大破产风险。虽然通过现金流量管理似乎无法从根本上解决并购支付需求，但持久稳定的现金流信息能为其获得外部融资支持，把握并购时机提供较大帮助。因此，现金支付并购中，为增加并购成功的概率，收购公司存在现金流量管理的激励。在制定并购战略时，收购公司具有较强的现金流意识及财务风险控制意识，在对已有的现金存量进行充分论证的基础上，出于预防性动机会采取各种措施积极储备现金流。比如：在确保主营业务收入稳定的基础上，控制应收账款的增长，提高资金的使用效率，提高盈余质量，夯实利润指标；合理利用非筹资性负债（相关企业提供的商业信用）减少现金支付，降低筹资成本；尽量延长应付账款的信用期限，降低对营运资金的需求量，缓解营运资金紧张的压力；提高存货的周转速度和效率避免存货占用大量现金，压缩生产量降低生产成本等异常的真实交易储备现金等，这些现金流量管理的措施与盈余管理紧密相连，表现为向下的应计和真实盈余管理。

基于以上分析，提出以下假设：

假设4-1：股份支付并购中，收购公司会采用真实和应计盈余管理方式向上调整盈余。

假设4-2：现金收购并购中，收购公司会采用真实和应计盈余管理方式向下调整盈余。

第二节 研究样本及计量模型的构建

一 样本数据的选取

由于我国股票市场成立之初的制度缺陷，早期的并购事件带有浓厚的政府干预色彩。2006 年底股权分置改革基本完成；2007 年我国上市公司开始执行新的企业会计准则，在过渡期间，新准则可能会对盈余管理的计量产生影响；2008 年《上市公司重大资产管理办法》颁布，鼓励企业采用多样化的支付手段进行兼并重组，并购的市场化程度得以提高，并购环境发生了巨大变化。因此，本书选取的研究样本为 2008—2013 年沪、深 A 股市场发生的并购事件，并购事件以标的的控制权转移为标准，宣告时间以首次公告日为基准。并购事件样本及所需的全部财务数据来自 CSMAR 数据库，财务数据的时间跨度为 2006—2014 年，统计软件使用 Stata11。另外，在初始样本的基础上，进行了如下筛选程序：

（1）剔除金融业上市公司，由于行业特殊性，监管和经营环境不同，财务指标不具有可比性，遵循研究惯例予以剔除；

（2）剔除房地产行业并购样本，由于其多为土地、项目的收购，并非实质性并购；

（3）剔除资产负债率大于 1 的上市公司以及 ST、PT 上市公司；

（4）剔除同年发生 IPO、配股、公开增发等重大事项的样本，因为这些样本的盈余管理动机与并购事件不同，会对结论产生干扰；

（5）剔除财务数据缺失的样本；

（6）对所有变量进行 1% 的缩尾（Winsorize）处理。

为了剔除行业及规模对盈余管理的影响，本书选取了行业相同、规模相近且当年没有发生并购的上市公司作为并购样本的对照样本。执行筛选程序后，最终得到样本数 3352 家收购公司。其中，采用以现金作为支付工具的 3088 家，占总样本量的 92.12%；采用股份作为支付工具的仅有 264 家，占总样本量的 7.88%；表明现金支付仍是我国上市公司在并购中采用最多的支付方式。这可能是由于现金支付并购操作相对简单且限制条件少，不会影响原有股权结构；而股份支付并购的审批流程相对复杂，周期较长，时间成本较高。

表 4-1　　　　　　　　　　收购公司样本分布

时间	2008	2009	2010	2011	2012	2013	合计
股份支付	59	41	46	27	36	55	264
现金支付	497	461	484	551	575	520	3088
合计	556	502	530	578	611	575	3352

二　盈余管理的计量模型

由于上市公司在企业并购中可能会采用两种不同的盈余管理方式，故对应计盈余管理和真实盈余管理分别进行测度。

1. 应计盈余管理的测度

已有国内学者指出，Dechow 等（1995）提出的分年度分行业的横截面修正 Jones（1991）模型测度上市公司应计盈余管理的计量效力较高（张雁翎和陈涛，2007）。因此，本书借鉴 Teoh 等（1998）将可操控应计从总应计利润中分离的做法，采用修正 Jones（1991）模型度量收购公司的应计盈余管理程度，见模型（4-1）：

$$DA_{it} = TA_{it} - NDA_{it} \tag{4-1}$$

式中，DA_{it} 为公司 i 第 t 期的操纵性应计利润（Discretionary Accruals），作为上市公司基于应计盈余管理程度的代理变量。TA_{it} 表示公司 i 第 t 期的总应计利润，NDA_{it} 表示公司 i 第 t 期的非操纵性应计利润（Nondiscretionary Accruals）。$TA_{i,t} = (\Delta CA_{i,t} - \Delta Cash_{i,t}) - (\Delta CL_{i,t} - \Delta STD_{i,t}) - Dep_{i,t}$，是公司 i 第 t 年的总应计利润。$\Delta CA_{i,t}$ 是公司 i 第 t 年流动资产的增加额；$\Delta Cash_{i,t}$ 是公司 i 第 t 年现金及现金等价物的增加额；$\Delta CL_{i,t}$ 是公司 i 第 t 年流动负债的增加额；$\Delta STD_{i,t}$ 是公司 i 第 t 年一年内到期的长期负债的增加额；$Dep_{i,t}$ 是公司 i 第 t 年的折旧和摊销成本。公式中的 NDA_{it} 通过模型（4-2）计算获得：

$$NDA_{it} = \hat{\alpha}_1 \frac{1}{A_{i,t-1}} + \hat{\alpha}_2 \frac{(\Delta REV_{it} - \Delta REC_{it})}{A_{i,t-1}} + \hat{\alpha}_3 \frac{PPE_{it}}{A_{i,t-1}} \qquad (4-2)$$

式中，$A_{i,t-1}$ 是公司 i 第 $t-1$ 年的总资产；ΔREV_{it} 是公司 i 第 t 年营业收入的变动额；ΔREC_{it} 是公司 i 第 t 年应收账款的变动额；PPE_{it} 是公司 i 第 t 年的固定资产；通过全样本分年度、分行业回归的方法，得到各公司的非操纵性应计 NDA 的估计值，再代入到式（4-1）当中，计算得到样本公司的操纵性应计利润 $DA_{i,t}$。

2. 真实盈余管理的测度

Roychowdhury（2006）从销售、生产及费用三方面详细阐述了企业如何实施真实盈余管理。其中，销售操纵是指企业通过异常促销活动达到提升利润的目的，当边际收益大于 0 时，通过加大价格折扣、放宽信用政策等手段刺激产品销售数量增加，从而使总利润随之增加，而单位利润会下降，发生坏账的概率也会增加，导致单位现金净流量（CFO）降低；生产操纵是指通过异常增加生产量达到提升利润的目的，利用生产的规模效应降低单位生产成本，导致当期总生产成本随之增加，但当期销售成本随之降低，在完全成本法下利润随之提高。然而，异常生产会带来后续年度的存货积压，增加后续年度资产减值风险；费用操纵主要表现在削减研发费用（R&D）、广告费用或日常维修费用等酌量性费用达到提升利润的目的，但这一行为会大大削减企业的长期竞争力。总之，向上（向下）真实盈余管理表现在异常现金流量的低（高）、异常生产成本的高（低）和异常可操控费用的低（高）等方面。借鉴 Roychowdhury（2006）的真实盈余管理评价模型，分别采用模型（4-3）、模型（4-4）和模型（4-5）对全样本进行分年度、分行业进行回归，估算出经营现金净流量、生产成本和酌量性费用的正常值。然后，用当年的实际值减去正常值，得到异常经营现金净流量（ACFO）、异常生产成本（APROD）和异常可操控费用（ADE）来测度真实盈余管理水平。将 ADE 乘以 -1，加上 APROD，得到度量真实盈余管理总水平的代理变量 RM。

$$\frac{CFO_{it}}{A_{i,t-1}} = \alpha_1 \frac{1}{A_{i,t-1}} + \beta_1 \frac{REV_{it}}{A_{i,t-1}} + \gamma_1 \frac{\Delta REV_{it}}{A_{i,t-1}} + \varepsilon_{it} \qquad (4-3)$$

$$\frac{PROD_{it}}{A_{i,t-1}} = \alpha_2 \frac{1}{A_{i,t-1}} + \beta_2 \frac{REV_{it}}{A_{i,t-1}} + \gamma_2 \frac{\Delta REV_{it}}{A_{i,t-1}} + \delta_2 \frac{\Delta REV_{it-1}}{A_{i,t-1}} + \varepsilon_{it} \quad (4-4)$$

$$\frac{DE_{it}}{A_{i,t-1}} = \alpha_3 \frac{1}{A_{i,t-1}} + \beta_3 \frac{REV_{it-1}}{A_{i,t-1}} + \varepsilon_{it} \quad\quad\quad (4-5)$$

式中，CFO_{it} 为企业 i 第 t 年的经营活动现金净流量；$PROD_{it}$ 为企业 i 第 t 年的生产成本，即销售成本及存货成本增加额之和；DE_{it} 为企业 i 第 t 年的可操控费用，即企业 i 第 t 年的销售费用与管理费用之和（张俊瑞，2008）；$A_{i,t-1}$ 为企业 i 第 $t-1$ 年的年末总资产；REV_{it} 为企业 i 第 t 年的销售收入；ΔREV_{it} 为企业 i 第 t 年的销售收入的变动额；ΔREV_{it-1} 为企业 i 第 $t-1$ 年的销售收入变动额；ε_{it} 为模型的随机误差项。

第三节　盈余管理的检验结果与分析

一　盈余管理的基本统计分析

在研究收购公司在并购中是否存在应计和真实盈余管理时，本书主要基于单变量的均值检验，单变量均值检验的核心在于检验上市公司并购前的应计盈余管理水平（AM）以及真实盈余管理管理水平（RM）是否显著不等于 0。同时，对组间差异进行方差分析，核心在于检验并购样本与非并购样本、股份支付样本与现金支付样本之间的均数差异是否统计显著。

从表 4-2 Panal A 的验证结果可以看出，在并购当年，并购样本真实盈余管理的平均数为 -0.014，在 1% 的水平统计显著，非并购样本真实盈余管理均值不显著；并购样本应计盈余管理的均值为 -0.005，在 5% 的水平统计显著，非并购样本应计盈余管理不显著。并购样本与非并购样本真实和应计盈余管理均值组间差异分别在 1% 和 5% 的水平上统计显著。此外，并购样本的应计盈余管理在并购前一年与并购当年之和为 -0.013，真实盈余管理之和为 -0.009，分别在 1% 和 10% 的水平上统计显著，非并购样本应计和真实盈余管理均不显著，组间差异显著，表明并购样本存在显著的盈余管理行为。

表4－2　　收购公司盈余管理的描述性统计及单因素方差分析

Panal A：并购样本与非并购样本（配对后）

	t_{-1}			t_0			$t_{-1}+t_0$		
	并购	非并购	差异	并购	非并购	差异	并购	非并购	差异
RM	0.000	0.005***	-0.005**	-0.014***	-0.003	-0.010***	-0.013***	0.002	-0.015***
AM	-0.004**	-0.005**	0.001	-0.005**	0.003	-0.007**	-0.009*	-0.002	-0.006*
APROD	-0.001	-0.004	0.003	-0.004***	0.001	-0.005**	0.005**	0.005*	0.001
ADE	-0.000	0.000	-0.000	0.001	-0.003**	0.002**	0.001	-0.003	0.005**

Panal B：股份并购样本与现金并购样本

	t_{-1}			t_0			$t_{-1}+t_0$		
	股份	现金	差异	股份	现金	差异	股份	现金	差异
RM	-0.008	0.009**	-0.017	0.017*	-0.013***	0.030***	0.023*	-0.004*	0.019
AM	0.036***	-0.008**	0.044***	0.027**	-0.004**	0.031	0.008**	-0.030**	0.038**
APROD	0.029**	-0.003	0.032***	0.010	-0.003	0.012**	0.026**	-0.002	0.381**
ADE	-0.008	0.001	-0.009	-0.012**	0.002*	0.014**	-0.003	0.007*	-0.110*

注：t_0 表示并购当年，t_{-1} 表示并购前一年，$t_{-1}+t_0$ 表示并购前一年与并购当年之和；单变量为均值 T 检验，组间差异为方差分析的 F 检验；*** 表示 1% 水平统计显著，** 表示 5% 水平统计显著，* 表示 10% 水平统计显著，由于保留小数点后三位，表中会出现 0.000 的形式。

　　为进一步对并购样本中的盈余管理现象进行具体分析，将并购样本按照支付方式进行分组讨论，既有相关文献曾采用这种方法进行研究（Louis，2004；Erickson and Wang，1999），检验结果见表 4－2 Panal B：在并购当年，采用股份支付的收购公司应计盈余管理和真实盈余管理的平均值分别为 0.027 和 0.017，分别在 5% 和 10% 的水平统计显著；并购前一年与并购当年之和，应计及真实盈余管理的平均值分别为 0.008 和 0.023，分别在 5% 和 10% 的水平显著为正，假设 4－1 得到支持。采用现金支付的收购公司应计和真实盈余管理的平均值，在并购当年分别为 -0.004 和 -0.013，分别在 5% 和 1% 的水平统计显著；并购前一年与并购当年之和的平均值分别为 -0.030 和 -0.004，分别在 5% 和 10% 的水平显著为负，假设 4－2 得到支持。

二 盈余管理的多变量回归分析

为进一步验证收购公司盈余管理行为统计分析结论的稳健性，本书设计了以下两个多变量回归模型进行多变量分析检验：

$$DA_{it} = \beta_0 + \beta_1 DealType_{it} + \sum \beta_i ControlVariables_{it} + \varepsilon_{it} \qquad (4-6)$$

$$RM_{it} = \beta_0 + \beta_1 DealType_{it} + \sum \beta_i ControlVariables_{it} + \varepsilon_{it} \qquad (4-7)$$

模型（4-6）和模型（4-7）分别以应计盈余管理水平（DA）和真实盈余管理水平（RM）为因变量。值得重点关注的是虚拟变量 $DealType_{it}$，其中，$Stockdeal$ 为采取股份支付方式的收购公司；$Cashdeal$ 为采取现金支付方式的收购公司。为克服遗漏变量的影响，加入了一系列控制变量，其中，SIZE 表示收购公司规模，为年末资产的自然对数；ROA 表示资产收益率，为净利润与年初和年末的平均资产总额之比；SGrowth 表示年营业收入增长率；LEV 表示财务杠杆，为年末负债总额与资产总额之比；BM 表示收购公司账面价值与市场价值之比。β_0 为常数项；β_1 为虚拟变量 $DealType$ 的系数；β_i 为系数向量，表示控制变量的系数。

表4-3报告了模型（4-6）和模型（4-7）的估计结果。可以看出，在应计盈余管理模型中，Stockdeal 的系数显著为正，表明以股份为支付方式的收购公司在并购前通过应计盈余管理调高利润，平均来说，采用股权支付的并购，其当期应计盈余管理相比于现金支付会增加 0.016。Cashdeal 的系数显著为负，表明以现金为支付方式的收购公司在并购前会通过应计盈余管理调低利润。在真实盈余管理模型下，Stockdeal 的系数显著为正，表明以股份为支付方式的收购公司在并购前会通过真实盈余管理调高利润，平均而言，股份支付的样本的真实盈余管理水平相比于现金支付高出 0.019。Cashdeal 的系数显著为负，表明以现金为支付方式的收购公司在并购前会通过真实盈余管理调低利润。可见，收购公司在并购前确实存在盈余管理现象，且同时实施了应计和真实盈余管理方式，多因素回归结果与假设4-1和假设4-2的预期一致。

表 4 – 3 股份或现金支付时收购公司盈余管理的回归结果

	应计盈余管理模型		真实盈余管理模型	
	全部并购样本	全部并购样本	全部并购样本	全部并购样本
Stockdeal	0.016 *		0.019 **	
	(1.67)		(2.09)	
Cashdeal		– 0.015 *		– 0.018 **
		(– 1.65)		(– 2.07)
SIZE	0.002	0.002	– 0.010 **	– 0.010 **
	(0.33)	(0.33)	(– 2.25)	(– 2.25)
ROA	– 0.155	– 0.155	0.047 ***	0.467 ***
	(– 2.26)	(– 2.26)	(9.03)	(9.03)
SGrowth	0.000 ***	0.000 ***	– 0.000 ***	– 0.000 ***
	(5.94)	(5.94)	(– 16.78)	(– 16.78)
LEV	– 0.009	– 0.009	– 0.026 *	– 0.026 *
	(– 0.57)	(– 0.57)	(– 1.94)	(– 1.94)
BM	– 0.009	– 0.009	0.007	0.007
	(– 0.77)	(– 0.77)	(0.59)	(0.59)
Intercept	– 0.016	– 0.000	0.086 **	0.106
	(0.34)	(– 0.00)	(2.18)	(2.63)
F – stat	9.14	9.14	126.53	126.53
R^2	0.011	0.011	0.071	0.071
Obs	3300	3300	3241	3241

注：＊＊＊表示在1%水平统计显著，＊＊表示在5%水平统计显著，＊表示在10%水平统计显著。

第四节　收购公司盈余管理案例分析

一　并购案例选取依据

前文研究发现，在以股份作为支付工具的并购活动中，收购公司在并购前存在向上的真实和应计盈余管理行为。以现金作为支付工具的收购公司，在并购前存在向下的真实和应计盈余管理行为。那么，收购公司在实务中是如何具体实施盈余管理的呢？考虑到制造业公司能够更全面反映真实盈余管理方式（销售操控、生产操控、酌量性费用操控），本书选取的两个案例均来自制造业；依据对应计盈余管理水平及真实盈余管理水平的测算结果，执行并购全样本、支付方式全样本、股份支付样本及现金支付样本的筛选程序，依次筛选出在同年度同行业两种不同的盈余管理水平最高的收购公司为案例。为进一步考察实务中的具体情况，本书分别选取利欧股份（002131）在2011年3月并购事件为股份支付并购案例，选取江淮汽车（600418）在2012年10月现金支付并购事件，分别对其盈余管理行为及策略分析如下。

二　股份支付并购案例

（一）并购事件简介

利欧股份（002131）是我国大中型工业泵装备制造行业的领先者之一，于2007年4月3日在深圳证券交易所上市。在国家鼓励企业并购重组的政策支持下，明确了通过并购重组实现做大做强的战略目标。2011年3月8日，利欧股份发布公告，拟向欧亚云等九名自然人及瑞鹅投资发行股份购买其合计持有的天鹅泵业92.61%的股权。天鹅泵业在评估基准日的价值为27122.69万元，最终确定的交易价格为27008.51万元，需新增股份1852.4353万股，股票发行价格为利欧股份第二届董事会第二十八次会议决议公告日（2011年2月16日）前20个交易日的股票均价，即14.58元/股。利欧股份公司于2010年10月18日停牌，2011年2月16日复牌。此次并购交易构成上市公司重大资产重组，为非同一控制下的企业合并，不构成关联交易，交易的完成将有助于进一步提升公司的竞争力，实现并购协同效应。

（二）收购公司的盈余管理策略分析

利欧股份的此次并购事件采用的是股份支付方式，并购宣告前的股价必然对并购对价产生影响，出于降低并购成本以及降低收益稀释幅度的考虑，该公司存在向上盈余管理的动机。依据利欧股份2010—

2012 年资产负债表、利润表及现金流量表年报及半年报相关数据，对利欧股份在 2011 年 3 月发行股份收购天鹅泵业 92.61% 股权这一并购事件过程中，是否存在盈余管理策略分析如下。

1. 应计盈余管理分析

应计盈余管理主要体现在会计报表中总应计金额的异常变动。图 4 - 1 和图 4 - 2 分别展示了以一年和半年为一个时间窗口，利欧股份在并购发生前后的净利润、现金净流量以及总应计的变动趋势。如图 4 - 1 所示，从净利润的变动趋势来看，并购发生前一年（2010 年）较上一年（2009 年）增加了 1650.1 万元，在并购宣告当年（2011 年）继续保持较高水平，增加了 264 万元，但在并购完成后一年（2012 年）降低了 8169.63 万元，变动幅度达到 - 68.3%。同时，总应计在并购的前二年为负数，但在并购事件前一年忽然由负转正，急剧升高到 3547 万元，并在并购当年继续保持较高水平，在并购后一年发生逆转，由正转负。从总应计利润的异常变动，可以初步判定该公司在并购前一年和并购当年存在向上应计盈余管理行为。

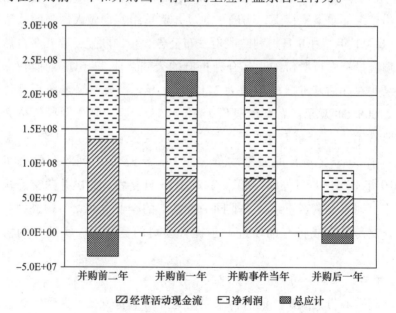

图 4 - 1　并购事件发生前后（以一年为窗口期）
公司净利润、现金净流量以及总应计的变动

　　由于年度区间较长，可能无法清晰地反映年度内的具体变动，因此以半年为一个时间窗口做进一步具体分析。如图4-2所示，收购公司的净利润，在并购前二期（2010年上半年），较上期（2009年下半年）大幅提升，增幅为32.72%，下半年保持继续微增长；在并购宣告当年（2011年），上半年和下半年变动不大，继续保持着高利润的稳定；然而在并购后二期（2012年上半年），净利润较上期大幅下跌，跌幅达34.74%，下半年由盈利转为亏损。从应计利润的变动趋势来看：在并购前二期（2010年上半年），达到最高水平，较2009年下半年增加了107.85%，但是在2010年下半年却跌至-1079.45万元；在并购宣告当年（2011年上半年）显著增加，比上期增长384.8%，下半年略有下降；并购宣告后一期（2012年上半年）显著上升，下半年由正变负，达到最低。

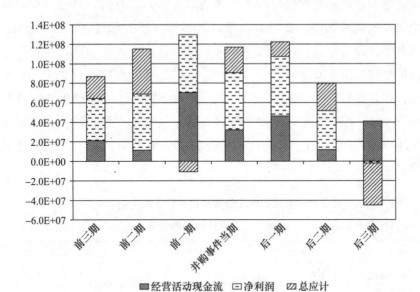

图4-2　并购事件发生前后（以半年为窗口期）
公司净利润、现金净流量以及总应计的变动

　　从上述各指标的变动趋势和数据可以发现，利欧股份向上的应计盈余管理发生在并购前一年（2010年）的上半年以及并购当年

（2011 年）的上半年。这是由于：利欧股份于 2010 年 10 月 18 日停牌，根据证监会（股票定价不低于董事会决议公告日前 20 个交易日的股票均价）的规定，最可能影响股价的盈余应是 2010 年的上半年报表中的盈余数字。因此，利欧股份存在操控 2010 年的上半年报告盈余的激励；而利欧股份在并购宣告当期的向上应计盈余管理是为了向市场传递公司运营效率高及良好发展前景的积极信号。

那么，该公司的应计盈余管理主要是通过什么手段实现的呢？分析报表后发现，其经营性应收的变动增加大于经营性应付项目的增加粉饰了利欧股份的盈余数字。表 4 - 4 反映了欧利股份并购前后经营性应收及经营性应付项目的变动情况及对应计利润的影响。在并购当年，经营性应收与经营性应付的差异最大，直接导致当年总应计利润达到最高。具体地：在并购前一年（2010 年）的上半年，经营性应收的增加额比经营性应付的增加额高出 3705.27 万元，对应计利润的增加产生较大影响。在并购当年（2011 年），也观测到了这一现象，上半年，经营性应付的增加额异常低，经营性应收增加额比经营性应付增加额高出 576.63 万元，下半年二者之间的差异达到 9741.48 万元；在并购后一年（2012 年）的上半年，继续保持这种趋势，但是在下半年，经营性应收的增长却显著慢于经营性应付的增长，差异为 - 2644.08 万元，对应计利润产生显著的负面影响，直接导致应计利润发生反转。

表 4 - 4　　　　　　经营性应收和经营性应付项目的变动
情况及对应计利润的影响　　　　　单位：万元

年度	2010		2011		2012	
应收变动	7366.16		19356.75		16533.71	
应付变动	5302.93		9037.92		6683.43	
差异	2063.23		10318.83		9850.28	
半年度	2010 - 06	2010 - 12	2011 - 06	2011 - 12	2012 - 06	2012 - 12
应收变动	6348.73	1017.43	582.39	18773.64	16054.62	479.09
应付变动	2643.46	2659.47	5.76	9032.16	3560.26	3123.17
差异	3705.27	- 1642.04	576.63	9741.48	12494.36	- 2644.08

2. 真实盈余管理分析

通过加大价格折扣、采取宽松的信用政策扩大销售是真实盈余管理的主要手段之一，这必然会引起一定销售水平下现金流量的减少。图4-3和图4-4分别以一年和半年为一个时间窗口，展示了利欧股份在并购事件前后经营活动现金流及其占销售收入比例的变动情况。如图4-3所示，在并购前一年（2010年），虽然销售收入大幅增加（由2009年的84833.3万元增加到119511万元，增幅达40.88%），然而经营活动现金流占销售收入的比例（CFO/Sales）却显著下降（由2009年的15.89%跌至6.84%，跌幅达56.95%）；在并购宣告当年（2011年），销售收入较上一年增幅为7.89%，CFO/Sales却由2010年的6.84%跌至6.17%；在并购后一年（2012年），营业收入较上年增长25.66%，CFO/Sales继续保持下跌趋势，跌幅达3.34%。通过对上述指标的分析可以初步判断，利欧股份从并购发生的前一年就开始进行操纵销售的真实盈余管理。为进一步考察这种现象，将时间窗口缩短为半年（见图4-4），我们可以清晰地看到：并购前一年的销售操控主要发生在上半年（2010年6月的年报中），在销售收入增长幅度达到40.29%时，CFO/Sales的比例却由4.92%跌到1.87%，跌幅达到61.99%；在并购事件宣告当期（2011年上半年），CFO/Sales

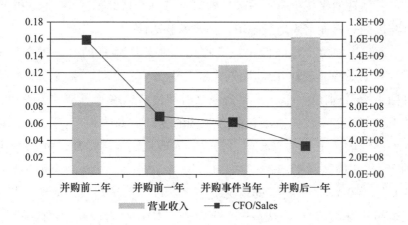

图4-3　并购事件前后（以一年为窗口期）营业收入及现金流占营业收入比例的变动趋势

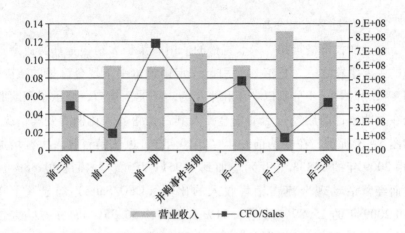

**图 4 - 4 并购事件前后（以半年为窗口期）营业收入
及现金流占营业收入比例的变动趋势**

由 11.81% 跌到 4.68%，跌幅为 60.37%；在并购后一年的上半年，在销售收入增长的情况下，CFO/Sales 继续下跌，跌幅达到 81.85%，然而，在下半年出现反向调整。可见，对并购定价及发行股价产生直接影响的是 2010 年上半年的年报，其会计信息含量较高，存在向上真实盈余管理激励；在并购宣告当期，为向市场传递积极的信号，增强投资者信心，也存在向上盈余管理动机。总之，对销售进行操控属于经营活动的次优决策，一旦实施将会有一个持续的趋势，但是缩短观测区间，就能清晰地发现销售操控的波动性。

通过增加生产量降低销售成本是真实盈余管理的另一种主要形式，其主要特征表现在生产成本占销售收入的比例异常高。图 4 - 5 和图 4 - 6 分别以一年和半年为一个时间窗口，展示了利欧股份在并购事件前后生产成本占销售收入比例的变动。如图 4 - 5 所示，并购前一年（2010 年）生产成本占销售收入的比例显著提高，由 2009 年的 76.17% 提高到 83.12%，增加 6.95 个百分点；在并购当年（2011 年），在销售收入较稳定的情况下，生产成本占销售收入的比例却达到最高，为 87.73%，比前一年又增加了 4.61 个百分点；而在并购后一年（2012 年）该指标由 2011 年的 87.73% 下降到 78.71%，下降

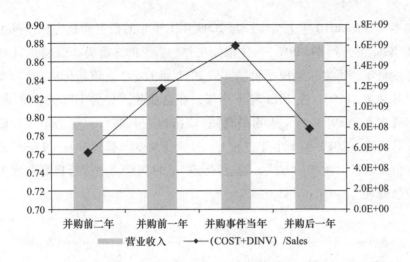

图 4 - 5　并购事件前后（以一年为窗口期）营业收入
及生产成本占营业收入比例的变动趋势

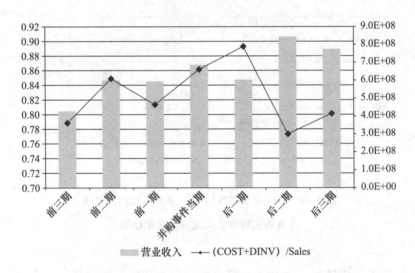

图 4 - 6　并购事件前后（以半年为窗口期）营业收入
及生产成本占营业收入比例的变动趋势

了 9.02 个百分点。为进一步考察年度内的变化，将窗口缩短为半年，
结合图 4 - 6，可以看出：该指标在并购前一年的显著提高主要发生在

前半年（即 2010 年上半年，与 2009 年下半年的数据相比，该指标由
78.83% 上升到 84.89%）；该指标在并购当年的显著提高表现在 2011
年度全年，下半年表现更明显（即 2011 年上半年，该指标从 81.35%
上升到 86.15%，在 2011 年下半年，在营业收入显著下降的情况下，
却又飙升到 89.31%，达到最高）；该指标在并购后一年上半年开始
显著下降（2012 年上半年，由 89.31% 下降到 77.30%）。说明利欧
股份采取扩大生产的方式，通过对生产量的刻意调整进行提高利润的
盈余管理。

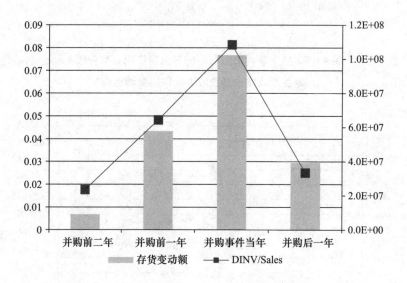

**图 4 - 7　并购事件前后（以一年为窗口期）存货
及存货占销售收入比例的变动趋势**

　　为进一步证实上述结论，需对并购发生前后存货的变动及其存货
的变动额占销售收入比例的变动趋势进行考察，若生产量大于销售
量，必然表现为存货变动量的显著增加。由图 4 - 7 可知，与预期相
一致，在并购前一年（2010 年），存货的变动额显著增加，由 2009
年的 910 万元增加到 5781.3 万元，增幅达到 535.3%；存货的变动额
占销售收入比例由 1.76% 增加到 4.83%；在并购当年（2011 年），

存货的变动额继续增加到 10235.3 万元，较 2010 年增长了 77.04%，
存货的变动额占销售收入比例由 4.83% 增加到 8.13%；而在并购后
一年，存货的变动额大幅下跌至 3926.8 万元，跌幅为 −61.63%，存
货的变动额占销售收入比例下降到 2.51%。图 4−8 显示，存货的变
动额及存货的变动额占销售收入比例这两个指标在并购前一年（2010
年）的显著增加主要表现在 2010 年上半年，在并购当年（2011 年）
的显著增加在下半年表现得更为明显，在并购后一年的上半年忽然大
幅下跌。结合存货的变动趋势，进一步证实了欧利股份在并购前二期
及并购当年通过生产操控实施了真实活动盈余管理。

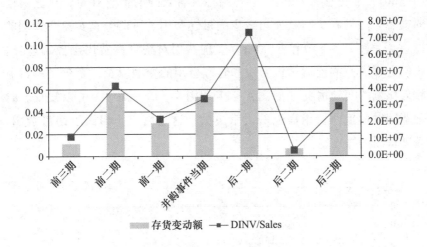

图 4−8　并购事件前后（以半年为窗口期）存货
及存货占销售收入比例的变动趋势

　　通过酌量性费用调整盈余是真实盈余管理的又一主要形式。酌量
性费用包括广告费用、研发费用及维修费用，鉴于我国新会计准则规
定研究阶段的研发费用归集到管理费用计入当期损益，上市公司的酌
量性费用包括销售费用和管理费用两部分。图 4−9 和图 4−10 分别
反映了利欧股份在并购事件前后年度及半年度酌量性费用占营业收入
比例的变动情况，如图 4−9 所示。在并购前一年（2010 年），酌量
性费用占营业收入的比例由上年（2009 年）的 11.17% 降到

10.26%，仅下降了0.91个百分点；在并购当年略有回升，并购后一年大幅增高。从数据上看，虽然该指标在并购前一年有所下降，但由于下降幅度较小，似乎并不能说明利欧股份操纵酌量性费用调整盈余。将时间窗口缩短为半年一期继续观察数据的变化（见图4－10），在并购前二期（2010年上半年），该指标从上一期（2009年下半年）的12.21%下降到9.29%；在并购当期（2011年上半年），由前一期的11.24%下降到9.77%，之后开始攀升。这说明年报时间区间较长，年报中的信息一定程度上模糊了实际情况，而对股票价格及投资者信心有直接影响的是并购前二期（2010年的上半年报）和并购当期（2011年的上半年报），会计指标具有较强的信息含量，从这两期的报表中可以看出利欧公司减少酌量性费用进行向上真实盈余管理的痕迹。为进一步区分销售费用和管理费用对酌量性费用操控的差异，我们考察了并购前后销售费用和管理费用的变动以及二者分别占营业收入比例的变动情况（如图4－11和图4－12所示），可以发现，管理费用对酌量性费用操控的贡献更大，这是由于，相比于销售费用，管理费用的操作空间及灵活度更大。

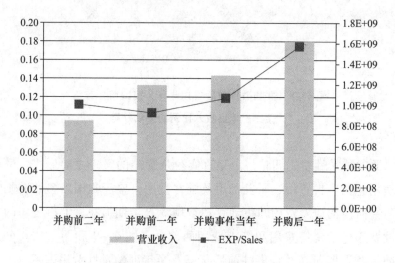

图4－9　并购事件前后（以一年为窗口期）营业收入及酌量性费用占营业收入的比例变动

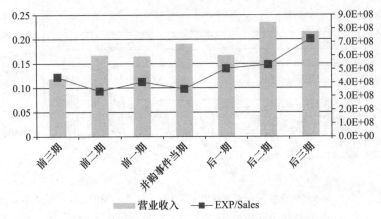

图 4 - 10　并购事件前后（以半年为窗口期）营业收入
及酌量性费用占营业收入的比例变动

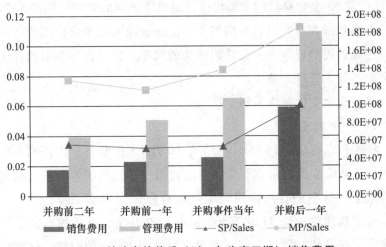

图 4 - 11　并购事件前后（以一年为窗口期）销售费用、
管理费用及其占营业收入的比例变动

综上所述，利欧股份在2011年3月宣告的股份支付并购事件中，存在显著向上的应计盈余管理和真实盈余管理。从年报看，表现在并购前一年（2010年）和并购当年（2011年）；从半年报来看，发生在并购前一年的上半年（2010年6月）和并购当年（2011年全年）。这是由于利欧股份于2010年10月18日停牌，而股票发行价格依据的是利欧股份第二届董事会第二十八次会议决议公告日（2011年2月

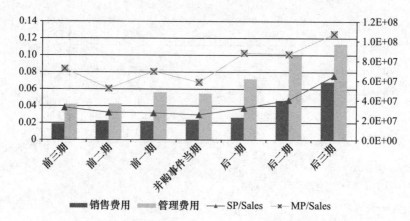

图 4-12　并购事件前后（以半年为窗口期）销售费用、
管理费用及其占营业收入的比例变动

16 日）前 20 个交易日的股票均价。最可能影响股价的报表应是 2010
年的上半年报表；同时，并购当年的良好业绩可以增强市场信心。因
此，为降低收购成本，提高并购成功的概率，公司在并购前选择了调
高利润的盈余管理策略。

三　现金支付并购案例

（一）并购交易简介

江淮汽车（600418）于 2012 年 10 月 13 日发布公告，拟以现金
支付方式收购安徽江淮汽车集团有限公司（江汽集团）和扬州洪泉实
业有限公司分别持有的扬州轻型汽车有限公司 40% 和 27% 的股权，
该部分股权评估价为 3120 万元。同时，拟以现金方式收购安徽江淮
汽车集团持有的安徽江淮安驰汽车有限公司 100% 的股权，该部分股
权评估值为 13232.85 万元。收购完成后，扬州轻型车成为江淮汽车
控股子公司，江淮安驰成为江淮汽车的全资子公司。新增两大生产基
地，对于江淮汽车减少关联交易，完善江淮产业布局极为有利。

（二）盈余管理策略分析

1. 应计盈余管理分析

依据江淮汽车（600418）2011—2013 年间资产负债表、利润表
及现金流量表年报及半年报相关数据，对江淮汽车以现金收购扬州轻
型车 67% 的股权及江淮安驰 100% 的股权事件发生前后，该公司净利

润、经营活动现金净流量以及总应计利润的变动情况进行分析（见图
4－13 和图 4－14）。

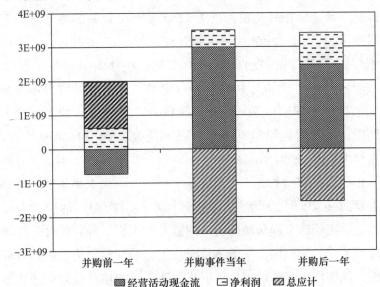

图 4－13 并购事件发生前后（以一年为窗口期）公司净利润、
现金净流量及总应计的变动情况

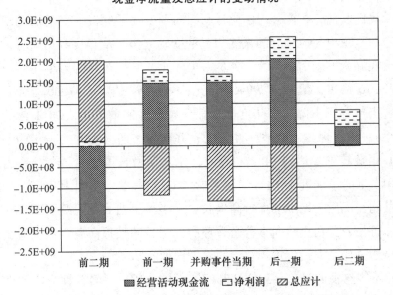

图 4－14 并购事件发生前后（以半年为窗口期）公司净利润、
现金净流量及总应计的变动情况

从该公司总应计利润的变动趋势看，与并购前一年相比，该指标在并购当年异常低，在并购后一年虽然仍未负数，却有较大幅度回升。即总应计金额在并购前一年为135338万元，并购当年急剧下降到－248974.3万元，并购后一年回升到－154595.4万元。以半年为一个窗口期，可以观测到年度内的变化：在并购事件发生前二期（2011年下半年），总应计利润为191133.1万元；在并购当年（2012年）的上半年（即前一期）急跌至－116903.5万元，较上一期下降161.16%，在并购当年的下半年（并购当期）为－132070.8万元，较上期继续下降12.97%；并购后一年（2013年）的上半年（并购后一期）继续保持负增长，下半年开始大幅回升，由上半年的－152339万元上升到－229.64万元。从该指标（半年时间窗）的变动趋势可以看出，总应计的金额从并购前一期就开始大幅下降，这种下降趋势一直持续到并购后一期。从上述总应计指标的变动趋势和数据可以初步判断，江淮汽车在并购当年进行了显著向下的应计盈余管理，那么公司进行向下应计盈余管理的动机是什么？是为并购后未来业绩做铺垫，储备利润空间吗？

我们发现，在该公司的应计利润向下变动的同时，经营活动现金流量却呈现出与应计利润截然相反的变动趋势。从年度数据来看，该指标在并购发生前一年为－72844.4万元，但是在并购当年比前一年增长了5倍多，飙升至299454万元，并购后一年为247800万元，较并购当年有所下降。半年度数据显示，在并购前二期（2011年的下半年），该指标为－179571.4万元；并购前一期（即并购当年的上半年）由负转正，达到148774万元，比上期增长了3倍，在并购当期（2012年的下半年）现金净流量保持较高水平，达到150680万元；在并购完成后一期继续保持高增长，下半年忽然大幅下跌至42776万元。可见，公司进行向下盈余管理的真正目的是提高现金流。那么该公司通过什么方式实现现金流的异常增加呢？

不容忽视的是，导致应计利润变动的主因——经营性应收和经营性应付项目的变动在导致应计利润变动的同时，也会对现金流量产生重要影响。当应收的增加大于应付的增加时，应计利润升高，现金流降低；反之，当应收的增加小于应付的增加时，应计利润降低，现金流升高。表4-5反映了江淮汽车（600418）并购前后经营性应收和经营性应付项目金额的变动情况以及对现金流的影响。

表4-5　　　　经营性应收及经营性应付项目的变动

情况及对现金流的影响　　　单位：万元

	前二期 （2011-12）	前一期 （2012-06）	并购当期 （2012-12）	后一期 （2013-06）	后二期 （2013-12）
经营性应收增加	-34349.6	89124.6	5535.6	217220	-146005
经营性应付增加	-252309.4	114965	86282	282325	-169958
对应计利润的影响	217959.8	-25840.4	-80946.4	-65105	23953
应收增加减少现金收入	34349.6	-89124.6	-5535.6	-217220	146005
应付增加节约现金支出	-252309.4	114965	86282	282325	-169958
对现金流的影响	-217959.8	25840.4	80946.4	65105	-23953

在并购当年（2012年）的上半年，由于经营性应收的增加小于经营性应付的增加，直接导致江淮汽车的应计利润在上半年下降25840.4万元，但同时也为公司节约现金支出25840.4万元，下半年节约现金80946.4万元，达到最高。并购后一期（2013年上半年），现金的节约数有所下降，下半年出现逆转，为-23953万元。可见，经营性应收应付项目的变动情况反映出了公司管理层的经营策略，从并购前一期开始，在收紧对外提供的商业信用时，也在更大程度上利用相关企业提供的商业信用。由于应收项目变动数小于应付项目变动数，一方面必然表现为应计利润的减少；另一方面，应付项目作为一项经营活动中产生的非筹资性负债，相当于为公司提供了一笔数目可观的免息贷款，可以使公司减少现金支付，增强内储备能力，以满足并购及后续整合的资金需求从内部储备现金，避免大量现金支付对正常经营活动造成负面影响。

2. 真实盈余管理分析

为增强市场信息，除了应计盈余管理，江淮汽车还可能操控销售、生产及酌量性费用进行真实盈余管理，以储备现金流。下面对此进行具体分析。

　　为储备现金进行的销售操控通常表现为异常高的经营现金流。图4-15和图4-16分别反映了以一年和半年为时间窗口,并购事件发生前后江淮公司经营现金流占销售收入比例的变动情况。如图4-15所示,该指标在并购前一年为-2.39%,在并购当年最高,为10.28%,并购后一年有所回落,为7.37%。在并购发生当年(2012年)销售收入急剧下降的情况下,cfo/sales却异常高,表明该公司为储备现金流,在并购当年通过刻意降低销售量,操控销售进行真实活动盈余管理。为观察到年度内的变化,把事件窗口缩短为半年,如图4-16所示,该指标在并购前二期(2011年下半年)为-13.78%,但是在并购前一期(2012年上半年)由负转正,大幅提升到10.32%,并购当期(2012年下半年)保持在10.24%;并购后一期为11.39%,仍保持了这种高水平,但是在并购后二期(2013年下半年)大幅下降至2.73%。可以很明显地看到,并购当年,收购公司为保留充裕的现金流采取了压缩销售和适度收紧信用政策的有效措施进行现金流量管理。

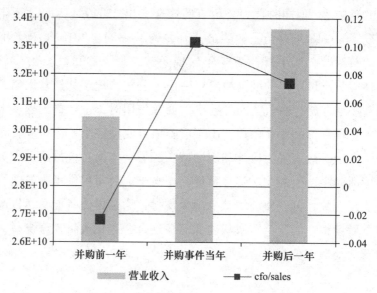

图4-15　并购事件发生前后(以一年为时间窗口)
经营现金流占营业收入比例的变动趋势

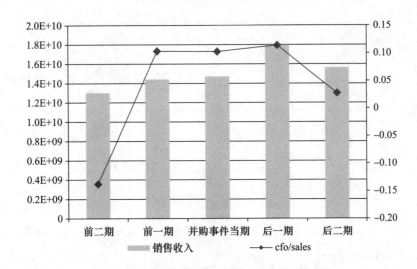

图 4 - 16　并购事件发生前后（以半年为时间窗口）
经营现金流占营业收入比例的变动趋势

　　为储备现金进行的生产操控通常表现为异常低的生产成本。图 4 - 17 和图 4 - 18 分别反映了以一年和半年为时间窗口，江淮公司在并购事件发生前后生产成本占销售收入的比例变动的变动情况。如图 4 - 17 所示，该指标在并购前一年为 84.93%，在并购当年降为 84.03%，在并购后一年为 84.11%，该指标在并购当年虽然有所下降，幅度似乎不大。但当笔者以半年为时间窗口（见图 4 - 18）进一步分析时发现，生产成本占销售收入的比例在并购前二期为 88.05%，在并购前一期（2012 年上半年）大幅下降到 81.73%，并购当期回升到 86.28%。生产量的压缩必然表现为存货的降低，依据该公司资产负债表中的存货变动数据（见图 4 - 19），在并购前一期，存货的变动额由上期的 15236 万元下降到 - 46731.3 万元，下降了 4 倍多，存货的异常下跌充分说明该公司在并购前一期并未扩大生产量，销售的产品主要源自前期的存货。这表明江淮汽车改变了生产策略，以压缩生产量的方式降低生产成本进行生产操控的真实活动盈余管理，实质是现金流量管理。更进一步说明，收购公司在现金支付并购中，更为关注现金流量这一衡量财务经营成果的指标。

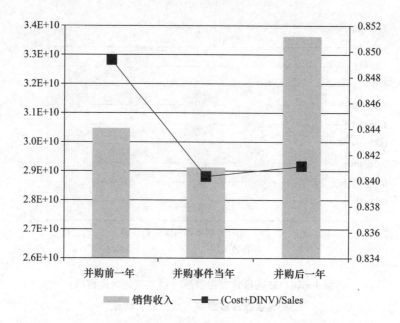

图 4 – 17　并购事件发生前后（以一年为时间窗口）
生产成本占销售收入的比例变动

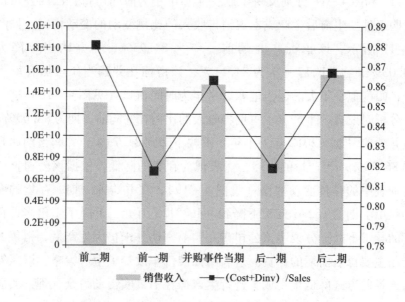

图 4 – 18　并购事件发生前后（以半年为时间窗口）
生产成本占销售收入的比例变动

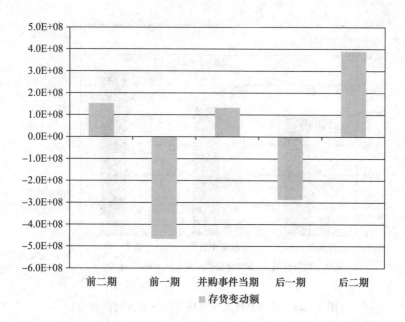

图 4-19　并购事件发生前后（以半年为时间窗口）存货变动额的变动

为储备现金进行的酌量性费用操控通常表现为异常低的酌量性费用。图 4-20 和图 4-21 分别反映了以一年和半年为时间窗口，江淮公司在并购事件发生前后酌量性费用占营业收入比例的变动情况。如图 4-20 所示，以一年为时间窗口，该指标在并购前一年为 9.63%，并购当年为 11.47%，并购后一年为 11.81%，并购当年是提高的。然而，将时间窗口缩短为半年（见图 4-21）观察年度内的变化时，我们发现：在并购当年的上半年（即前一期），该指标比前二期显著下降，从 11.51% 降到 10.42%；并购当期回升到 12.51%，在并购后一期又回落到 11.29%。在并购前一期销售收入提高的情况下，酌量性费用占销售收入的比例却降低了，这表明江淮公司在并购宣告当年的前半年通过降低酌量性费用的方式进行盈余管理，而并购宣告当期该指标的提高极可能是由于并购过程中管理费用的正常增长所致。进一步对销售费用及管理费用这两个分项指标的变动趋势进行分析（见图 4-22）发现，其中：销售费用与管理费用的变动趋势基本相同，随着管理费用的增长呈上升趋势，说明公司管理当局并未通过有意调

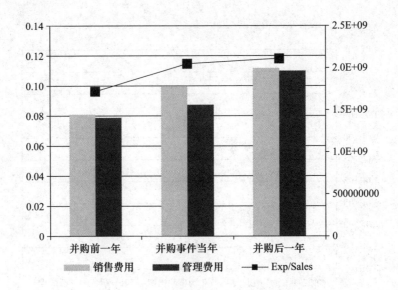

图 4 – 20　并购事件发生前后（以一年为时间窗口）
酌量性费用占营业收入的比例变动

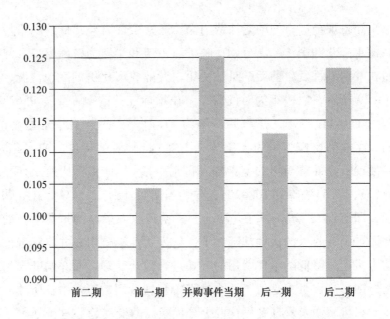

图 4 – 21　酌量性费用占营业收入比例变动（以半年为时间窗口）

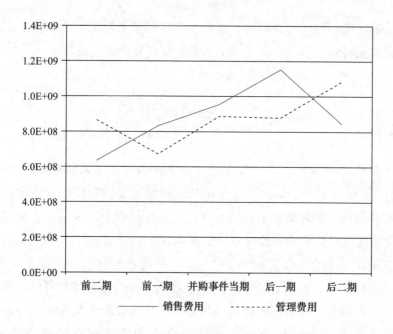

图 4 - 22　销售及管理费用的变动（以半年为时间窗口）

整销售费用的方式管理现金流。然而，并购前一期的管理费用较前二期显著下降，由 86526.8 万元降到 67208.9 万元，降幅达 22.33%，在并购当期有所增加。可见，公司在并购前一期就开始采用降低酌量性费用（主要是压缩管理费用）的方式进行真实活动操控以节约现金支出。

　　综上所述，江淮汽车在并购事件发生前就已经考虑到以现金作为并购对价的支付工具，必须要有充裕的现金流保障。面对巨大的支付压力，为节约交易成本及融资成本，增强市场信心，公司存在以储备和提升现金流量为目的的现金流量管理激励，盈余管理只是其外在表现形式。在应计盈余管理方面，从并购发生的前一期开始，就开始采取收紧对外的商业信用、鼓励经销商现汇回款、充分利用相关企业提供的商业信用等有效措施，主要表现在应付项目增长快于应收项目的增长，这虽然会导致应计利润的下降，但同时通过可利用的商业信用为公司节约现金流出。在真实盈余管理方面，主要体现在通过采用减少赊销比例、加快存货周转、压缩生产量以及节约酌量性费用的措施为并购交易储备资金，提升企业形象，提高并购成功概率。

第五节　主要研究结论

本章以 2008—2013 年发生的并购事件为样本，采用修正的 Jones（1995）模型及 Roychowdhury（2006）模型，分别对我国收购公司的真实和应计盈余管理水平进行了测度。在此基础上，采用单变量均值 T 检验及组间差异的 F 检验方法、多因素回归分析方法，辅之案例分析方法，对收购公司在不同支付方式中的盈余管理行为进行了研究。研究发现：（1）在我国资本市场上，收购公司为达到特有目的，存在盈余管理行为。面对强大的市场压力和严格的监管，其在实施盈余管理时是将真实和应计两种不同的盈余管理方式配合起来使用的。（2）并购支付方式不同，收购公司盈余管理的诱因及调整方向存在差异。采取股份作为支付手段的收购公司，在并购前存在调高收益的盈余管理行为，这与既有相关文献的研究结论较一致（Erickson and Wang，1999；Louis，2004；etc.）。其进行向上盈余管理的主要驱动力是降低收购成本、减少对控制权和投票权的稀释、节约并购成本。有趣的是，与既有研究结论不一致，以现金作为支付方式的收购公司，在并购前存在调低收益的盈余管理行为。透过现象看本质，收购公司向下的应计和真实盈余管理只是一种外部表现形式，其实质是现金流量管理。节约交易成本及融资成本，向市场传递积极信号以增强投资者信心，提高并购成功概率成为现金支付并购中收购公司进行现金流量管理的主要诱因。

第五章　收购公司盈余管理方式的决策分析

前文的理论分析及实证检验结果均表明，在中国资本市场上，收购公司存在明显的盈余管理行为，且在实施盈余管理时会采用应计和真实两种盈余管理方式。那么，收购公司是如何在两种不同的盈余管理方式之间权衡的呢？即如何在倾向性和实施顺序之间决策呢？

仅有的几篇关于盈余管理方式权衡的文献，研究了再融资以及为达到特定盈余目标环境下上市公司对盈余管理方式做出决策，但均未涉及并购事件。在公司再融资过程中，上市公司真实盈余管理程度的高低取决于应计盈余管理成本（Cohen and Zarowin, 2010），并确定了影响应计盈余管理成本的主要因素。Zang（2012）确定了一系列影响真实盈余管理成本的因素，补充了已有研究仅考虑应计盈余管理成本的不足，提出盈余管理方式选择是应计和真实盈余管理方式相对成本的函数的观点存在一定合理性。然而仍存在以下不足。

首先，在研究盈余管理方式权衡问题时，在确定影响不同盈余管理方式成本的因素时存在较大的主观随意性，没有明确的标准，导致对影响因素的考虑不够客观、全面。比如，Cohen 和 Zarowin（2010）仅考虑了应计盈余管理成本的主要影响因素；Zang（2012）虽然加入了一系列影响真实盈余管理成本的主要因素，对原有文献做了有益补充，但却将影响两种盈余管理方式成本的因素绝对分割开来，这是有失偏颇的。实际上，影响应计盈余管理成本的因素可能同时也是影响真实盈余管理成本的因素；反之亦然。另外，在研究设计上，笔者认为盈余管理方式的权衡模型具有普适性，同样用于研究其他重大事项中的盈余管理。毋庸置疑，任何脱离特定环境的生搬硬套都可能得出不准确的结论。

其次，在研究不同的盈余管理方式是否存在优先顺序问题时，Zang（2012）认为，应计和真实盈余管理方式各有实施的有利时机。由于真实盈余管理方式可以在整个财务年度内实施，而应计盈余管理方式在财务年度结束后财务报表报出前仍然可以进行。因此，二者之间存在先后实施顺序，真实盈余管理在先，应计盈余管理在后，且应计盈余管理程度是依据已实现但未预期到的真实盈余管理程度的高（低）进行调整的，若已实现的真实盈余管理程度较高（低），应计盈余管理方式就会相应地调低（调高）。这种优先顺序可能并不适应以不确定性为主要特征的并购环境。

本章基于并购事件的特殊性，在明确收购公司盈余管理方式权衡机理的基础上，合理确定收购公司盈余管理方式权衡影响因素的分析框架，以期回答收购公司如何在不同的盈余管理方式之间做出决策。

第一节　收购公司盈余管理方式权衡的机理

成本效益原则（The Rule of Cost and Benefit）是经济活动中的一项重要决策原则，即投入与产出之间应保持合理的比例关系，以确保所付出的成本不能超过由此产生的效益，否则该决策不可行。盈余管理作为收购公司的一项财务决策，必须遵循成本效益原则，对盈余管理方式进行理性权衡和比较。从收益视角进行分析，并购溢价可以简单视同收购公司对控制权收益的最低预期，进行盈余管理可以避免收购公司支付过高的并购溢价。从成本视角进行分析，应计和真实盈余管理都是有成本的经济活动（Cohen and Zarowin, 2010; Zang, 2012），包括实施成本和监督成本两部分。通常情况下，真实盈余管理方式（构建真实活动时操作复杂）的实施成本高于应计盈余管理方式（调整账户时操作简单），但是真实盈余管理方式的监督成本却低于应计盈余管理方式（即前者更加隐蔽，不易被发现）。受到外部环境和内部条件的影响，真实和应计盈余管理的监督成本和相对收益会发生相应的改变，继而呈现出收购公司对不同盈余管理方式的偏好。

概括而言，收购公司对盈余管理方式权衡的机理是：以成本效益原则为指导，考察并购环境下，相关因素对应计及真实盈余管理方式的相对监督成本与相对收益的影响，进行理性权衡和比较。当应计盈余管理方式由于某些因素的影响引起监督成本上升、相对收益降低时，管理层会倾向于采用真实盈余管理方式或者提高真实盈余管理程度；反之，当监督成本降低，相对收益增加时，存在实施应计盈余管理的偏好。

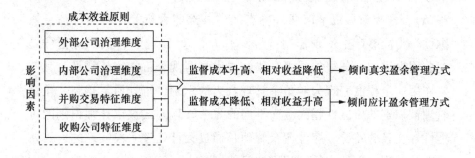

图 5 - 1　收购公司盈余管理方式权衡的机理

第二节　理论分析及研究假设

一　收购公司盈余管理方式权衡影响因素的分析

由于公司治理对会计信息质量会产生直接影响（Fan and Wong，2002；程小可，2004；王化成，2008），因此，对收购公司盈余管理方式的权衡问题进行研究，需要在公司治理的框架下进行。外部治理机制和内部治理机制构成了收购公司进行盈余管理方式权衡的两个基本维度。考虑到并购事件的特殊性，还应该包括并购交易特征维度。此外，公司的基本特征也不容忽视。因此，我们从外部治理机制、内部治理机制、并购交易特征和收购公司基本特征四个维度构建收购公司盈余管理方式权衡影响因素的分析框架。

（一）外部治理机制

外部治理机制的好坏体现外部监管力度的高低，致使两种盈余管理方式的监督成本及相对收益存在差异，继而直接影响上市公司盈余管理方式的权衡。本书主要从外部审计质量、机构投资者持股比例及投资者法律保护水平三方面进行分析。

1. 外部审计质量

独立审计能有效降低财务报表提供者和使用者的信息不对称，缓解经营者与公司所有者之间的代理问题（Jenson and Meckling，1976）。作为新兴资本市场一种有效的外部监管机制，对会计信息操纵性行为能够产生治理作用（Fan et al.，2005）。审计的主要任务是对公司提供的财务报告是否合法合规出具客观公正的审计意见，其监管作用一定程度表现为对盈余管理行为的识别，审计质量越高，盈余管理被识别的可能性越大。而不同的盈余管理方式被审计师识别的可能性存在显著差异，应计盈余管理是通过会计处理手段实现的，被熟悉会计处理过程的审计师识别的可能性较大；而真实盈余管理方式则是通过构建真实交易的手段实现的，这些非正常真实交易与正常真实交易一起进入上市公司的会计处理过程，很难进行区分（Graham，2005；Roychowdhury，2006；Cohen，2008），被审计师识别的可能性较小。

外部审计质量的高低影响收购公司盈余管理方式的权衡。通常，审计质量越高的事务所，审计收费、行业专长和声誉也越高（Craswell et al.，1992），财务报告的错误风险越低，出具高质量审计报告的可能性越大（DeAngelo，1981；Defond，1993；Klein，2002）。审计质量越高，应计盈余管理被发现的可能性越大，对其的抑制作用越明显（Asthana，Balsam and Krishnan，2003），公司会更倾向于采用真实盈余管理方式（Chi et al.，2011；李江涛等，2012；刘霞，2014）。Becker 等（1998）发现，选择"非四大"会计师事务所进行审计的公司，应计盈余管理水平更高。反之，选择"四大"国际会计师事务所进行审计的公司操控性应计利润会明显较低（Bradbury et al.，2006；Mc Meeking et al.，2007）。规模大的事务所抑制应计盈余管理的作用明显较高，国际"四大"的抑制作用更高（蔡春等，2005；吴水澎等，2006）；但是由"四大"审计的公司，其真实盈余管理强度却显著大于由"非四大"审计的公司。因此，如果收购公司选择审计质量高的事务所审计财务报表，外部审计及监管压力增大，无疑会提高应计盈余管理方式的监督成本，降低通过应计项目调整盈余的空间和程度，收购公司会倾向于采用更为隐蔽、审查难度更高的真实盈余管理方式。

假设5-1：其他条件不变，外部审计质量越高，收购公司越倾向于真实盈余管理方式。

2. 机构投资者持股比例

作为外部大股东，机构投资者积极参与公司治理（Kaplan and Minton，1994；Kang and Shivdasani，1995），直接影响着内部公司治理作用的有效发挥，继而对收购公司盈余管理方式的权衡产生影响。通常情况下，机构投资者持股比例越高，越关注公司的长远发展、规划及长期业绩，越有动力控制投资风险，利用其专业素质及信息获取优势对公司经营活动的监管会越严。这必然会促使上市公司的相关决策更关注长期价值，遏制真实盈余管理行为（Bushee，1998；Roychowdhury，2006）。Bushee（1998）发现，机构投资者持股比例越高，管理层越不可能采取削减研发费用的方式避免盈余的下降。Roychowdhury（2006）也发现机构投资者持股比例与避免亏损的真实盈余管理显著负相关。这是由于真实盈余管理偏离了正常的经营决策，虽然获得了短期利益，但对企业长期价值的负面作用更大。此外，机构投资者的行为在资本市场上具有重要的信息传递功能（Chidambaran and John，1998）。机构投资者持股比例越高，越能向外界传递盈余质量高、操控性应计越低（Rajgopal et al.，1999）的隐性信息。这可能会在一定程度上降低其他外部监督者（如审计师、分析师）对收购公司财务报表应计项目的关注度。基于此，提出以下假设：

假设5-2：其他条件不变，机构投资者持股比例越高，真实盈余管理程度越低，收购公司越倾向于应计盈余管理方式。

3. 投资者法律保护水平

La Porta 等（1999）提出，当履行契约所产生的成本增加到一定程度时，投资者法律保护就会替代契约履行成为监督管理者的一种重要外部公司治理机制。良好的法制环境（包括立法完善程度和执法效率两个层面）能够有效抑制内部人对外部投资者的利益掠夺，对盈余管理、控制权私利等诸多方面产生积极影响（La Porta et al. , 2002）。

投资者法律保护水平是影响收购公司盈余管理方式权衡的一个重要因素。当收购公司所在地的投资者法律环境越好、法律监管力度大、执行越严格时，监督成本的提高导致收购公司避免诉讼风险的激励增大，收购公司利用法律缺陷实施应计盈余管理的可操作空间缩小，操纵难度提高，会促使其降低应计盈余管理程度（Cohen and Zarowin, 2010）。此外，严格的法律对违规行为处罚力度加大，进一步增大了收购公司真实盈余管理的实施动机。栾天虹（2005）研究表明，伴随着《公司法》《证券法》的修订及相关法律法规的相继出台，我国投资者法律保护程度得到了改善。与欧美发达资本市场相比，我国投资者法律保护程度总体处于中等水平，但各地区之间差异较大。处于经济水平、信用水平及法律环境较好的地区的公司，发生会计丑闻的可能性较低（张翼和马光，2005），监督成本的提高可能导致收购公司倾向于采用更隐蔽的盈余管理方式。

假设5-3：在其他条件不变的情况下，收购公司所在地的投资者法律保护程度越高，越倾向于真实盈余管理方式。

（二）内部公司治理机制

有效的内部公司治理机制，可以降低代理成本（Jenson and Meck-ling, 1976），约束盈余管理行为（Klein, 2002；Xie et al. , 2003；高雷和张杰，2008）。作为一种内部监督力量，直接影响着收购公司盈余管理方式的权衡。本书主要从股权集中度、董事会的独立性、内部控制质量及管理层持股比例这四个指标进行具体分析。

1. 股权集中度

关于股权结构与盈余管理的关系，存在两种竞争性的观点，一种是"堑壕效应"（Entrenchment Effect）观，认为控股股东为获取控制权私利（Claessens et al.，2000），存在利用信息优势进行盈余管理误导外部投资者的动机和行为（Teoh et al.，1998a，1998b；Francis et al.，2005）。在投资者保护较弱且内外部治理机制不能有效发挥作用的环境下，股权结构的掠夺效应会降低公司的盈余质量（Fan and Wong，2002）。另一种是"激励效应"（Incentive Effect）观，认为股权比例的提高导致大股东更有动机监督管理层甚至直接参与经营管理来提升公司价值，实现控制权收益的共享（Jensen and Meckling，1976），控股股东的现金流权与企业价值正相关（Claessens et al.，2000），股权集中的联合效应，与投资者保持良好合作关系的需求会降低大股东的盈余操控程度（Wang，2006；Francoeur et al.，2012）。

股权结构对收购公司盈余管理方式权衡的影响可以依据利益趋同的"激励效应"进行合理解释。大股东持股比例越高，其利用控制地位获取的长期所有权利益越大，关注公司未来发展前景及长期获利能力的动机越强烈。相比于应计盈余管理，会更反对对长期价值损害较严重的真实盈余管理方式。在并购环境下，收购公司大股东与中小股东在并购活动中获得的利益存在一定的趋同性，处于控股地位的大股东获利更多；大股东持股比例越高，在董事会及股东大会中的话语权越高，越有能力影响甚至控制公司财务信息的生成及披露（张祥建和郭岚，2007；陈政，2009）。为维护大股东的利益，更有动机监督管理层将盈余管理保持在合理范围内。因此，收购公司大股东持股比例高，会更关注并购后的未来长期收益，倾向于相对收益更高的应计盈余管理方式。

假设 5 - 4：其他条件不变，收购公司股权越集中，真实盈余管理程度相对较低，越倾向于应计盈余管理方式。

2. 董事会的独立性

根据代理理论，董事会的任务是降低代理成本。事实上，董事会能否有效降低代理成本取决于外部独立董事的数量。由于独立董事非常在意自己的声誉，加之与上市公司没有直接利益关系，因此，董事会中独立董事比例越高，董事会的可靠性就越高，损害未来价值的经营决策越不易得到董事会的批准，能够有效降低管理层操纵盈余的程度（Xie and Davidson，2002）。从我国引入独立董事制度至今 10 多年的实践来看，虽然存在诸多问题，但总体而言，独立董事履职效果较好，在提高公司治理水平，保护中小投资者合法权益、抑制盈余管理等方面发挥了积极作用（支晓强和童盼，2005；赵德武等，2008）。

董事会的独立性对收购公司盈余管理方式的权衡会产生重要影响。从内部公司治理的角度分析，独立董事在董事会中所占席位越多，董事会的独立性越强，越能促使公司治理作用的积极发挥，使公司的经营决策和投资决策更加透明、科学、合理，对涉及投融资的真实盈余管理决策更易提出反对意见，而对于隐含在财务报表中且属于会计处理是否合法合规问题的应计盈余管理，不会产生直接作用。此外，董事会独立性较强的收购公司会同时向外界传递公司治理质量高、会计信息含量高的信号，会计报表不易受到媒体及监管机构的过度关注，监督成本的降低导致实施应计盈余管理方式获取的相对收益更高。高明华和方芳（2014）研究发现，独立董事独立性、董事激励与约束机制作用能有效约束管理的真实盈余管理行为，为理论分析提供了一定的经验支持。

假设 5 - 5：在其他条件不变的情况下，董事会独立性越强，真实盈余管理程度相对越低，收购公司倾向于采用应计盈余管理方式。

3. 内部控制质量

美国《萨班斯—奥克斯利法案》（SOX）颁布之后，强化内控建设成为提高公司治理水平的又一重要举措。理论上分析，内部控制的主要目的之一是确保企业遵循相关制度，提供真实可靠的财务信息。因此，良好的内部控制能够提高会计盈余质量（张龙平等，2010；董望和陈汉文，2011），不仅能有效降低应计盈余管理（张军和王军只，2009），而且对真实盈余管理也能起到一定的抑制作用（方红星和金玉娜，2011）。内部控制质量高低影响收购公司对盈余管理方式的选择，内控质量高，表明内控制度执行得越好，内部监督力度增大。是否披露内部控制缺陷是衡量公司内部控制质量高低的一个重要标准。既有文献研究表明，披露内部控制缺陷的公司，内控质量通常较低，会存在较高的低质量应计利润（Dolye et al.，2007；Skaife et al.，

2008；Chan et al. , 2008）。而对于改变真实交易的真实盈余管理方式，只要不违反相关的内部控制制度，内部控制质量再高，也很难对真实盈余管理发挥抑制作用。同时，真实盈余管理作为一项次优的经营决策，常常是公司高层的一致决定且会得到相关部门的配合执行，这会加剧内部控制对真实盈余管理的抑制难度。因此，内部控制质量越高的公司，越倾向于提高真实盈余管理程度。

假设 5 - 6：在其他条件不变的情况下，收购公司内部控制质量越低，相对于真实盈余管理，应计盈余管理程度越高。

4. 管理层持股比例

基于 Jenson 和 Meckling（1976）的代理理论，为实现企业价值最大化目标，管理层持股比例越低时，对管理层的监督和约束就越多，管理层通过操控盈余降低约束的可能性就更大；管理层持股比例越高时，越能有效激励管理层努力实现企业目标，盈余信息质量也越高（Berle and Means, 1932；Jenson and Meckling, 1976；Morck et al. , 1988）。在并购环境中，利益趋同的激励效应能够合理解释管理层持股对收购公司盈余管理方式权衡的影响。管理层持股作为一种有效的激励机制，能够抑制管理者的逆向选择及道德风险，加强与所有者利益的趋同，对于有效抑制盈余管理，提高公司治理质量继而提升企业价值发挥着积极作用（戴新民，2010）。管理层持股比例越高，依据持股比例获得的共享利益越多，管理层越关注公司的长远发展和长期利益，更好地进行企业的投资管理、筹资管理及经营管理，使企业的经营活动稳定地处于最优的运行中。在面临盈余管理方式选择时，管理层会尽量避免采用损害公司价值的真实盈余管理方式（Barker and Mueller, 2002；王燕妮，2011），倾向于选择对企业长期价值损害较低、相对收益较高的应计盈余管理方式（袁知柱等，2014）。

基于上述分析，本书提出如下假设：

假设 5 - 7：在其他条件不变的情况下，管理层持股比例越高，真实盈余管理程度相对较低，收购公司更倾向于应计盈余管理方式。

（三）并购交易特征

关于并购交易的相关特征对收购公司盈余管理方式权衡的影响，主要从并购交易规模、并购支付方式以及是否为关联交易三方面进行分析。

1. 并购交易规模

Erickson 和 Wang（1999）研究发现，并购交易规模影响收购公司的盈余管理行为，若目标公司规模相对于收购公司而言更小，则操控盈余提升股价的程度也更低；若并购交易规模越大，通过盈余管理在并购中获取的利益也越多，收购公司的盈余管理动机会更强烈，盈余管理程度也更高。收购公司在对不同的盈余管理方式进行选择时，一方面由于规模较大的公司通常公司治理机制和内部控制机制较规范，进行应计盈余管理的空间不大（高燕，2008）；另一方面由于交易规模越大的并购交易，越容易引起政府监管部门、证券分析师、机构投资者及公众媒体的较多关注，收购公司需要向公众提供的信息更多，监督成本提高。为避免诉讼风险（Dechow and Dichev，2002），降低被外部监管者发现的可能性，收购公司会倾向于采用真实盈余管理方式，降低应计盈余管理水平。

假设 5 - 8：其他条件不变，并购交易规模越大，收购公司越倾向于采用真实盈余管理方式。

2. 并购支付方式

既有研究表明，并购支付方式不同，盈余管理存在显著差异，在股份支付并购过程中，收购公司为获取利益，存在向上盈余管理动机并得到了经验支持，而现金支付并购中盈余管理在统计上不显著（Erickson and Wang，1999；Louis，2004）。实际上，在并购实务中，无论采用现金支付还是股份支付，都存在盈余管理的激励，只是动机和表现形式存在差异而已。股份支付并购中盈余管理的动机可能是为了降低并购成本，避免投票权和控制权的稀释，大多表现为方向向上的盈余管理；而现金支付并购中盈余管理的动机可能是为了储备现金流，传递积极信号，或者为未来储备利润空间，大多表现为方向向下的盈余管理。但不容忽视的是，并购作为资本市场的重大事件，本身受到的关注度就很高，监管部门对其是否合法合规的严格审核，并不受并购对价支付方式的影响。同时，并购支付方式也不会影响应计和真实盈余管理方式的实施成本。因此，本书认为，并购支付方式不会影响收购公司对盈余管理方式的权衡。

假设5-9：其他条件不变，并购支付方式与收购公司盈余管理方式的权衡不相关。

3. 是否为关联交易

关联并购的优势在于降低信息不对称程度、加强企业之间的合作、节约并购交易成本和优化资源配置效率；弊端在于并购定价有悖于市场化竞价规则，客观公正会受到影响，存在损害上市公司价值的风险（黄挽澜，2010）。相对于非关联并购，关联并购活动中，收购公司利用制度缺陷及会计准则赋予的"主观判断空间"进行盈余管理会更加便利，继而对财务报告的披露过程施加影响，误导会计信息使用者。但同时，关联并购受到的外部监管更加严格，监督成本的增加导致应计盈余管理被发现的可能性增大；而真实盈余管理在关联并购交易中实施起来更加便利、隐蔽，外部人员很难了解交易的内幕，为上市公司更隐蔽地实施盈余管理提供了可乘之机。Johnson等（2000）发现，除了采用证券回购、资产转移与转移定价等手段，控股股东还会采取更加隐蔽的隧道策略（Tunneling stratage）侵害中小股东利益。王跃堂（1999）研究表明，与非关联方资产重组相比，关联方资产重组采用资产置换的比例更高，业绩操纵倾向更明显。因此，在关联并购交易中，收购公司面临强大的市场压力和严格的监管，会更倾向于采用真实盈余管理方式调整会计盈余。

假设5-10：其他条件不变，关联交易并购中，收购公司更倾向于真实盈余管理方式。

（四）收购公司基本特征

收购公司盈余管理方式的权衡也受到收购公司基本特征变量的影响，本书选取收购公司的实际控制人性质、市场位势、财务健康状况、税收成本和会计处理灵活度五个主要变量进行具体分析。

1. 实际控制人性质

收购公司的实际控制人性质不同，对盈余管理方式权衡时也存在显著差异。Wang和Yung（2011）研究发现，在控制利益输送效应的影响下，国有公司比非国有公司的盈余管理程度相对更低，表明国有控股并非是公司经营效率低下的根源。由于特殊的制度原因及历史原因，我国国有控股公司与政府存在天然的联系，国有公司在调整经济布局与经济结构、促进资本市场健康发展、维护社会稳定及就业中发挥着重要作用。为提升地方政府官员的晋升机会及政治资本（Li and Zhou，2005），政府会干预并购过程，并扮演"父爱主义"角色给国有上市公司提供很多显性和隐性的帮助，比如各种补贴、贷款优惠、优先上市权等（Qian，2007）。而特殊的"所有者缺位"使得国有公司比非国有公司面临的外部监督压力小很多，政府对企业经营的监督和控制力度不够。与国有公司相比，家族企业有更多的分析师跟随，市场压力大，财务报告披露质量相对更高（Ali et al.，2007）；且非国有公司的责任相对单一，较难获得政府的特殊支持和帮助；"金融歧视"导致融资约束现象较为普遍，用于并购的资金有限，向银行申请信贷资金时受到的信用审查也更为严格，一定程度上提高了应计盈余管理方式的监督成本；而民营公司是真正意义的利润追逐者（Hart，1995；Shleifer，1998），在监督成本增加，应计盈余管理实施空间压缩的情况下，会倾向于选择真实盈余管理方式。而国有公司由于面临较低的监督成本，则倾向于采用应计盈余管理方式调整盈余。

假设5-11：在其他条件不变的情况下，相对于非国有公司，国有收购公司更倾向于应计盈余管理方式。

2. 市场位势

衡量收购公司市场位势最直接的指标是行业领导地位，指一个企业具有的比其他企业更持续有效地向消费者提供产品或服务，以获得赢利并促进自身发展的综合能力。通常情况下，在产品价格变动、产品创新、销售效益及服务质量等方面具有绝对市场竞争力的企业，在所属行业中会处于领导地位。在企业并购过程中，真实盈余管理不是可以随意实施的，会受到市场位势的有力约束，市场竞争压力是导致应计和真实盈余管理相互替代的主要原因（王良成，2013）。当收购公司市场竞争力较强，市场位势较高时，一方面更容易受到媒体的格外关注和监管部门的严格审查，且投资者对其的关注度也更高，监督成本的提高导致收购公司实施应计盈余管理被发现的可能性增大；另一方面由于其拥有更丰富的管理经验、更先进的专业技术水平、更强大的规模经济优势及更高的议价能力（Woo，1983），处于行业领导地位的上市公司具有更便利的条件和更大的空间实施更隐蔽、更复杂的真实盈余管理方式。因此，在其他条件不变的情况下，当收购公司市场位势高时，会倾向于选择真实盈余管理方式。

假设 5 - 12：在其他条件不变的情况下，收购公司市场位势越高，真实盈余管理程度相对较高。

3. 财务健康状况

对于财务状况较差的公司，其主要目的是提高经营效率及盈利能力，扭转财务状况差的局面。相对于应计盈余管理，选择偏离正常经营活动的真实盈余管理的边际成本相对更高。Zang（2012）预计财务健康较差的公司倾向于采用应计盈余管理方式。本书对此持不同的观点：在并购环境下，处于财务困境的公司，更关注公司的长期利益而非短期利益，对改善财务状况的激励远大于调整财务报表数字的激励（Graham et al.，2005），进行并购的可能性本身就小，即便有较好的并购机会，通过盈余管理促使并购成功的可能性更小。而财务健康状况越好的收购公司，可能越倾向于采用应计盈余管理方式。这是由于，一方面良好的财务状况通常代表良好的公司形象和声誉，向市场传递着公司经营有效、发展健康的积极信号，不会引起审计师和监管者的较多关注，监督成本的降低无形中提升了应计盈余管理的空间；另一方面，健康的财务状态一定程度上表明，收购公司以前期间进行盈余管理的动机较小，程度较低，应计盈余管理的调整空间相对较大，获得的相对收益更高，真实盈余管理程度较低甚至无须采用真实盈余管理方式就能够达到特有目的。

假设 5 - 13：在其他条件不变的情况下，收购公司财务健康状况越好，更倾向于选择应计盈余管理方式。

4. 税收成本

不同的盈余管理方式，税收成本存在差异，继而对盈余管理方式的选择产生影响。真实盈余管理方式会改变企业真实现金流的分布，从而影响企业的纳税负担（Zang，2012）。例如，通过提高企业的销售收入、减少酌量性费用及过量生产等具体做法进行的真实盈余管理，在提高账面收益的同时也提高了应税所得，导致当期纳税成本的增加。相反，通过变更会计估计延长长期资产的使用寿命、降低减值资产的摊销、确认未实现的收入以及降低坏账损失同样会增加账面收益，但这些应计盈余管理的具体做法不会增加当期的纳税成本。从纳税成本货币时间价值的视角分析，边际税率越高的公司，税收成本的现值越高，公司承担的税负压力越大（Zang，2012），真实盈余管理的相对收益越低，因此，得到如下假设：

假设 5 - 14：在其他条件不变的情况下，收购公司实际税率越高，则越倾向于选择应计盈余管理方式。

5. 会计处理灵活度

会计处理灵活度是指为解决会计相关性和可靠性的矛盾，会计准则赋予管理层在会计处理中进行"主观判断"的空间，会计处理灵活度直接影响上市公司实施应计盈余管理方式的成本和能力（Cohen and Zarowin，2010），继而对盈余管理方式的权衡产生影响。由于应计盈余管理实质上是管理层对会计利润在不同时期的人为调整，应计项目的可操纵空间是一定的，由已使用空间和剩余空间两部分组成，若前期使用较多必然引起本期应计盈余管理实施空间的下降。Barcon 和 Simko（2002）认为，资产负债表累积了企业进行会计选择的最终结果，企业净营运资产（Net Operation Assets，NOA）一定程度上代表了企业的会计处理灵活度。NOA 越高，表明企业前期进行应计盈余管理的程度较高，则企业当期的应计盈余管理水平与当期的 NOA 水平显著负相关（Cohen and Zarowin，2010；Zang，2012）。会计处理灵活度也可以用经营周期衡量，经营周期越长，会计处理灵活度越高，采用实施成本较低、空间较大的应计盈余管理方式获得的相对收益更大。

假设 5 - 15：在其他条件不变的情况下，收购公司会计处理灵活度越小，越倾向于选择真实盈余管理方式。

（五）其他控制变量

1. 公司规模

Watts 和 Zimmerman（1986）研究发现，公司规模越大，大股东获取的收益越多，实施盈余管理的动机就越强烈。但公司规模越大，引起政府监管部门、证券分析师、机构投资者及公众媒体的关注度更高，监督成本提高会使应计盈余管理的实施受到约束。此外，大公司更容易受到盈余管理的法律监管和制裁（Ball and Shivakumar，2008）。因此，预计公司规模与真实盈余管理正相关。

2. 公司的盈利能力

既有研究表明企业存在保持业绩稳定的盈余管理动机，若公司前期盈利能力越好，应计盈余管理可能由于前期使用较多受到限制，为保持经营效率越高的企业形象，可能越倾向于采用真实盈余管理方式维持良好业绩的持续稳定。

3. 公司的负债水平

根据契约理论，负债水平越高，通过盈余管理避免违反债务契约限制性条款的动机越强烈越隐蔽，希望以更少的代价获得更多的债务资本，降低破产风险（Defond and Jiambelvo，1994）。为解决并购融资的"瓶颈"，中国银监会发布了《商业银行并购贷款风险管理指引》，允许符合条件的商业银行开办并购贷款业务。但是由于并购贷款风险很高，银行除了在放贷之前对并购的合法合规性进行严格审查之外，为有效控制并购贷款风险，银行还设置了很细的指标体系对其进行严格监督管理。因此，预计负债水平较高的收购公司更倾向于真实盈余管理方式。

二　收购公司盈余管理方式实施顺序的分析

上市公司进行盈余管理时，对不同盈余管理方式的实施是否存在时间上的优先顺序？既有研究并未得出一致的结论。一种观点认为，应计和真实盈余管理方式的实施不存在时间上的先后顺序（Beatty et al.，1995；Barton，2001；Pincus and Rajgopal，2002；Cohen and Zarowin，2010）。Beatty 等（1995）对 148 家商业银行的盈余管理策略进行了研究，为上市公司同时采用会计选择和真实交易方式调整盈余以达到预期目标提供了经验证据。Barton（2001）、Pincus 和 Rajgopal（2002）采用联立方程组，研究了公司如何对盈余波动性进行盈余管理的问题，发现金融对冲工具和应计账户调整方式是同时进行的，不存在先后顺序。Cohen 和 Zarowin（2010）发现，上市公司在再融资当年，为提高报告盈余数字，会同时采用应计和真实两种盈余管理方式。另一种观点认为，真实和应计盈余管理存在典型的时序性特征（Badertsher，2011；Zang，2012）。Badertsher（2011）认为，公司价值的持续高估是盈余管理的主要诱因，研究结果表明，在公司价值高估期间，早期使用应计盈余管理方式，后期使用真实活动操控，最后诉诸违反 GAAP 的操控方式。Zang（2012）认为，真实盈余管理可以在整个财务年度内实施，应计盈余管理则可以在财务年度结束后财务报告报出之前实施。因此，盈余管理方式的采用体现出先真实盈余管理后应计盈余管理典型的时序性特征，且应计盈余管理程度取决于前期已经实现但未预期到的真实盈余管理程度。而在并购环境下，收购公司的盈余管理行为有其特殊性，盈余管理的目的并不是为达到一个明确的门槛（避亏或上年盈余等），与会计年度是否结束往往没有直接的联系。并购过程存在各种风险，并购协议能否达成在时间上往往存在不确定性，需要依据具体情况而定，可能时间较长也可能时间较短，并不受整个财务年度的制约。大多情况下，并购过程中的盈余管理发生在并购宣告之前，受并购宣告日而不是财务年度结束日或者财务报表报出日（4月30日之前）的制约。因此，本书认为，收购公司会同时对真实和应计盈余管理方式进行组合，二者相互配合以达到最终目的。

假设 5-16：其他条件不变，收购公司会同时实施应计和真实盈余管理方式，二者之间不存在先后顺序。

第三节　研究设计

一　样本来源及选择

本章研究的重点是收购公司如何在应计和真实盈余管理方式之间进行倾向性选择以及二者是否存在先后顺序的问题，研究样本为并购中存在盈余管理的收购公司。样本来源、选取标准及样本的筛选程序同上一章，不再赘述。基于上一章的初步结果，借鉴 Cohen 和 Zarowin（2010）、Zang（2012）确定盈余管理嫌疑公司的做法，将存在盈余管理嫌疑的样本界定为应计或真实盈余管理水平的绝对值大于中位数的收购公司。

二　盈余管理方式倾向性权衡的计量模型

由于模型回归中采用非随机的选择样本，就会存在潜在的遗漏变量问题，这会导致解释变量的估计系数有偏。因此，本书利用 Heckman（1979）控制样本自选择偏误的方法，在 Cohen 和 Zarowin（2010）、Zang（2012）盈余管理选择模型的基础上进行了改进和拓展，以纠正并购样本及盈余管理嫌疑样本存在的样本选择偏误，从而构建收购公司的盈余管理倾向性权衡模型，具体做法如下：

第一步，控制并购样本的选择性偏误，此时不考虑其是否进行盈余管理。使用上市公司全样本（并购和非并购），对模型（5-1）进行回归，并得到逆米尔斯比率[1]（Inverse Mills Ratio，IMR），将其作为一个控制变量代入模型（5-2）里，用来控制收购公司样本的自选择偏误。

$$Prob(MA=1) = \alpha_0 + \alpha_1 FCF + \alpha_2 Size + \alpha_3 Sgrow + \alpha_4 MB + \alpha_5 LFC +$$
$$\alpha_6 Liquid + \alpha_7 LEV + \alpha_8 HHI_5 + \alpha_9 ROA + \alpha_{10} lnshock + \varepsilon \qquad (5-1)$$

模型（5-1）的被解释变量为 MA，是虚拟变量，发生并购时取值为 1，否则取值 0。自变量的选取基于并购相关理论（Manne, 1965; Jensen and Ruback, 1983; Palepu, 1986; Jensen, 1986; Rhodes-Kropf and Robinson, 2005），且已经得到既有文献实证检验的变量（Owen and Yawson, 2010; 张自巧, 2013）。FCF 表示公司自由现金流，即经营活动现金流与资本支出之差；$Size$ 表示公司规模，即公司总资产的自然对数；$Sgrow$ 表示销售增长率，即公司并购前三年的销售平均增长率；LFC 表示公司融资约束程度；[2] MB 表示公司的

---

① 由模型（5-1）得到并购的逆米尔斯比率（Inverse Mills Ratio，IMR），其中 Z 是指选择模型的拟合值，是标准正态随机变量的概率密度函数，是标准正态分布随机变量的累积分布函数。

② 本书在对收购公司的融资约束程度进行度量时，考虑到我国资本市场与西方成熟的资本市场存在较大差异，采用况学文等（2010）测度 LFC 指数的方法，公式为：LFC = -3.784 + 8.992 × lev - 3.12 × NWC - .63.852 × ROE + 1.992 × MB - 1.490 × DIV，其中：NWC 为净营运资本除以总资产，DIV 为现金股利除以总资产。LFC 数值越大，表示收购公司融资约束程度越高。

成长性，即市场价值与账面价值的比率；Liquid 表示公司流动性，即货币资金与交易性金融资产之和除以公司总资产；LEV 表示公司资产负债率，即总负债除以总资产；HHI_5 表示公司大股东持股集中度，即前五大股东持股的平方和；ROA 表示收购公司的业绩，即资产收益率；lnshock 表示行业冲击，即某公司所处行业并购发生前三年平均销售增长率与全部行业并购发生前三年平均销售增长率之差。

第二步，解释收购公司是否会进行盈余管理，使用并购样本（包括存在盈余管理嫌疑的公司和不存在嫌疑的公司），对模型（5-2）进行回归，得到模型（5-2）的逆米尔斯比率，用来控制盈余管理嫌疑公司的样本自选择偏误。考虑到盈余管理方式的不同，分别以应计和真实盈余管理为因变量进行回归，分别得到真实和应计盈余管理的逆米尔斯比率（IMR_{RM} 和 IMR_{AM}），将它们作为模型（5-3）的控制变量。

$$Prob\,(\,Suspet\ =1\,) = \beta_0 + \beta_1 IPOSEO + \beta_2 AnalystFW + \beta_3 Shares + \beta_4 Bonus + \beta_5 Multilist + \beta_6 TobinQ + \beta_7 ROA + \beta_8 LEV + \beta_9 IMR_{MA} + \varepsilon \quad (5-2)$$

模型（5-2）的被解释变量为并购样本中存在盈余管理嫌疑的收购公司，是虚拟变量，即真实或应计盈余管理的绝对值大于中位数的收购公司取值为1，否则为0。自变量基于资本市场中存在盈余管理动机的考虑，具体分析如下：由于在股票首发上市或再融资过程中，上市公司存在强烈的盈余管理动机（Teoh et al.，1998；Rangan，1998；Cohen and Zarowin，2010）。因此，将 IPOSEO 作为模型中的一个解释变量，若收购公司在并购事件同一年首发上市或进行再融资取值为1，否则为0，预计该变量的系数为正。由于分析师跟随会影响公司的盈余管理，将 AnalystFW 作为解释变量加入模型中，分析师跟随人数多，既可能增强外部监管作用抑制盈余管理，也可能给管理者带来更大压力诱使盈余管理以达到分析师预期，因此该变量符号不确定。同理，流通在外的股票数量越多，管理层越可能进行盈余管理以达到更高的每股盈余目标（Cohen and Zarowin，2010；Zang，2012）；但也可能由于目标难以实现，盈余管理受到抑制（Barton and Simko，2002），因此，Shares 的符号也无法预计。根据契约理论，薪酬激励是管理层进行盈余管理的动因（Coffee，2003；Greenspan，2002；

Cheng and Warfield，2005），模型中加入 Bonus 这一变量，为收购公司前三位高管的报酬之和，预计该变量符号为正。考虑到在多地上市的收购公司受到的监管更加严格，盈余管理会受到更大的限制，模型中加入 *Multilist* 这一变量，预计该变量系数为负。此外，在模型中加入了 *TobinQ*、*ROA*、*LEV* 和 *IMR_{MA}* 四个控制变量，分别控制收购公司的成长性、盈利能力、资本结构及并购样本的自选择偏误。

第三步，对收购公司如何在应计和真实盈余管理方式之间进行权衡做出解释，构建模型（5-3）如下：

$$Prefer_{RM} = \lambda_0 + \sum_k \lambda_{1k}ExterGOV + \sum_l \lambda_{2l}IneteGOV + \sum_m \lambda_{3m}Deal - Character + \sum_n \lambda_{4n}BidCharacter + \sum_o \lambda_{so}ControlVariable + \varepsilon \quad (5-3)$$

模型（5-3）的被解释变量为并购前收购公司真实盈余管理的倾向性。由于应计和真实盈余管理的测度基于不同的模型，无法直接进行比较，为度量盈余管理的倾向性，本书采取了标准化的处理方法。具体做法是：选取同时进行应计和真实盈余管理的收购公司，将该公司应计（真实）盈余管理实际数的绝对值除以该行业应计（真实）盈余管理最大值与最小值的绝对值的最大者，得到经行业调整的应计（真实）盈余管理的变化量占该行业应计（真实）盈余管理最大变化量的比例，再进行倾向性的比较。[①] 如果真实盈余管理的程度大于应计盈余管理的程度，则 Prefer_ RM 赋值为 1，否则为 0。

ExterGOV 表示收购公司外部治理质量特征变量，其中：*Big*8 表示外部审计质量，根据中国注册会计师协会每年公布的会计师事务所排名确定前八大会计师事务所，审计师如果来自前八大会计师事务所取值为 1，否则为 0；*INI* 表示机构投资者持股比例；*Location* 为公司所

---

① $Decile\_RM_i = \dfrac{\left| RM_1 \right|}{MAX[\ \left| RM_{MAX} \right|,\ \left| RM_{MIN} \right|\ ]}$，$Decile\_AM_i = \dfrac{\left| AM_1 \right|}{MAX[\ \left| AM_{MAX} \right|,\ \left| AM_{MIN} \right|\ ]}$ 当

$Decile\_RM_i > Decil_{AM_1}$，$Prefer_{RM} = 1$，否则取 0。

在地投资者法律保护程度[①]，如果收购公司处于北京、上海、广州和浙江经济发展较好地区，取值为1，否则为0。基于前文对外部公司治理特征对公司在两种盈余管理方式的权衡影响分析，预计 $Big8$ 和 $Location$ 的系数为正，INI 系数为负。

$InterGOV$ 表示收购公司内部公司治理质量特征变量，其中：$IndD$ 表示董事会的独立性，借鉴 Beasley 和 Petroni（2001），以独董数量占董事会总人数的比率来衡量；$ICDefi$ 表示内部控制质量，如果收购公司披露内部控制缺陷，取值为1，否则为0；HHI_S 表示股权集中度，即收购公司前五大股东持股比例的平方和；$Mgshares$ 表示管理层持股比例。基于前文对内部公司治理特征对于公司在两种盈余管理方式的权衡影响分析，预计 $IndD$、$ICDefi$、HHI_S、$Mgtshares$ 系数为负。

$DealCharacter$ 表示并购交易的特征变量，其中：$Dealscale$ 表示并购交易规模，以并购交易价格除以收购公司的总市值表示；Pay 表示并购支付方式，以股份支付对价的收购公司取值为1，以现金支付对价的收购公司取值为0；$Relate$ 表示并购交易的性质，关联交易并购取值为1，非关联交易并购取值为0。基于前文并购交易特征变量对收购公司盈余管理方式权衡影响的具体分析，预计 $Dealscale$ 和 $Relate$ 的系数为正，而 Pay 的系数符号不确定。

$BidCharacter$ 表示收购公司的特征变量，其中：SOE 表示实际控制人性质，收购公司为国家控股时取值为1，为非国有公司时取值为0；$MarketLeader$ 表示市场位势，以收购公司的销售收入占同行业总销售收入的比例度量（Harris，1998；Zang，2012）；Z_score 表示财务健康状况，Z_score 越高，表明公司的财务健康状况越好。ETR 表示纳税成本，以收购公司的实际有效税率（Effective Tax Rate）进行度

---

① 此外，本书在衡量法律环境时，借鉴余明桂等（2010）的方法，以地区法律环境指数衡量投资者法律保护水平。地区法律环境指数取自樊纲、王小鲁和朱恒鹏（2011）编制的《中国市场化指数——各地区市场化相对进程2011年报告》中的"市场中介组织发育和法律制度环境指数"。由于只公布了2009年以前的数据，所以对于2010年、2011年和2012年的数据，采用余明桂等（2010）的方法进行处理，用以前年度的数据求移动平均值再加上前一期的数值得出预测值。以该方法计算出的法律保护指标与文中回归结果一致。

量，采用 Dyreng 等（2011）的做法，将现金流量表中实际支付的各项税费与税前利润的比值确定为现金税费支出的实际税率；*OpCycle* 表示会计处理的灵活性，借鉴 Dechow（1994）的方法，以应收账款的周转天数加存货周转天数减去应付账款的周转天数计算并取对数。经营周期越长，应计盈余管理可操作的空间越大，可转回的调整周期越长。基于前文收购公司特征变量对于盈余管理方式权衡的具体分析，预计 *SOE* 系数为负，*MarketLeader* 系数为正，*Z_ score* 系数为负，ETR 系数为负，*OpCycle* 系数为负。

此外，模型中加入 *ROA*，即资产收益率控制收购公司的业绩；*In-sales* 为经行业调整的销售额取对数，以控制收购公司的相对规模；*MB* 控制收购公司的成长机会；*Year* 和 *Industry* 这两个虚拟变量分别控制年度及行业的宏观经济状况；IMR_{RM} 和 IMR_{AM} 分别控制确定真实和应计盈余管理嫌疑公司时存在的样本自选择偏误。

三　盈余管理方式实施顺序权衡的研究设计

与 Zang（2012）的研究方法不同，本书采用格兰杰因果检验（Granger Causality Test）的方法，用以判断应计和真实盈余管理之间是否存在先后顺序。Granger 因果检验是检验两个变量之间因果关系的常用方法，于 1969 年由 Clive W. J. Granger 提出，70 年代中期由 Hendry 和 Richard 等加以发展。其基本原理为：如果变量 X 有助于预测 Y，即根据 Y 的过去值对 Y 进行回归时，如果再加上 X 的过去值，能够显著地增强回归的预测能力，则称 X 是 Y 的 Granger 因，否则称为非 Granger 因。其检验模型为：

$$X_t = K_1 + \sum \alpha_j X_{t-j} + \sum \beta_j Y_{t-j} + \mu_{1t} \qquad (5-4)$$

$$Y_t = K_2 + \sum \gamma_j Y_{t-j} + \sum \delta_j X_{t-j} + \mu_{2t} \qquad (5-5)$$

式中，X_t、Y_t 为平稳随机变量，μ_1、μ_2 为白噪音。若 $\beta_j = 0$，$\delta_j \neq 0$（$j = 1, 2, \cdots, q$），则 X_t 为 y_t 的原因，如果 $\beta_j \neq 0$，$\delta_j = 0$（$j = 1, 2, \cdots, q$），则 Y_t 为 X_t 的原因；如果 $\beta_j \neq 0$，$\delta_j \neq 0$（$j = 1, 2, \cdots, q$）则 X_t、Y_t 互为因果。

此外，借鉴 Zang（2012）的做法，本书采用 Hausman（1978）

的检验方法，对假设 5 - 2 进行拓展性检验。如果真实和应计盈余管理方式不存在时间上的先后顺序，二者应是内生关系；若存在时间上的先后顺序，则是外生关系。具体地：建立联立方程，首先，分别将 *RM* 与相关变量以及 *AM* 与相关变量①进行回归得到预测值 *Pre_ RM* 和 *Pre_ AM*，分别作为 *RM* 和 *AM* 的工具变量；然后，再将 *AM* 与相关变量及 *Pre_ RM*、*RM* 进行回归，如果真实盈余管理方式先于应计盈余管理方式，在 *AM* 的回归模型中，*Pre_ RM* 的系数应该不显著异于 0，是外生变量。反之，如果 *Pre_ RM* 的系数显著异于 0，则表明 *AM* 的决策受到 *RM* 的影响，二者是内生变量。同理，再将 *RM* 与相关变量及 *Pre_ AM*、*AM* 进行回归，如果此时 *Pre_ AM* 的系数显著不为零，则说明二者之间是相互影响的，不存在先后顺序。

第四节　实证检验结果及分析

一　变量的描述性统计及相关性分析

样本所有变量的描述性统计见表 5 - 1。$Prefer_{RM}$ 的平均值为 0.522，表明超过半数的收购公司真实盈余管理程度略高于应计盈余管理程度；Big8 的平均值为 0.387，表明聘请八大事务所进行审计的收购公司占较少比例；机构投资者持股比例均值为 11.7%，远低于成熟的资本市场；管理层持股比例仅为 5%，表明我国上市公司对管理层的股权激励仍然偏低；样本当中，约有 40% 的公司经营所在地为经济发达、法律保护程度较高的北京、上海、广州及江浙地区；独立董事比例略高于证监会的规定；披露内控控制缺陷的收购公司约占总样本的 11%；交易特征方面，平均而言，并购交易规模较小，但个案之间的差异较大；并购支付方式仍以现金支付为主，股份支付占比不高，约为 10%；关联交易的比例约为 44.5%；国资委控股的收购公司占比为 47.3%。所有变量剔除了异常值的影响，总体上较合理。

---

① 见模型（5 - 3）中的自变量。

表 5 – 1 变量的描述性统计

Variable	Obs	Mean	Std. Dev.	Min	Max
PreferRM	3064	0.522	0.499	0	1
Big8	3064	0.387	0.487	0	1
INI	3006	0.117	0.150	0	0.587
Location	3064	0.396	0.489	0	1
IndD	3044	0.366	0.054	0.091	0.8
ICDefi	3014	0.112	0.315	0	1
HHl_5	3064	0.181	0.127	0.004	0.760
Mgshares	3064	0.050	0.134	0	0.654
Dealscale	3004	0.045	0.148	0	1.113
Pay	3064	0.096	0.294	0	1
Relate	2367	0.445	0.497	0	1
SOE	3064	0.473	0.499	0	1
Marketleader	3063	0.012	0.032	– 0.003	0.639
z_ score	3004	0.419	0.269	0.035	1.586
ETR	3055	0.075	0.084	– 0.063	0.6830
OpCycle	3064	0.339	0.473	0	1
ROA	2991	0.023	0.051	– 0.173	0.225
MB	3004	1.936	1.251	0.867	8.441
lnSales	3054	20.748	1.584	11.138	27.127
IMRrm	2480	0.779	0.295	0.116	6.051
IMRam	2480	0.793	0.145	0.256	1.718

　　表 5 – 2 报告了变量之间的相关系数。机构投资者持股比例与真实盈余管理显著负相关，初步说明机构投资者持股能在一定程度上抑制真实盈余管理的程度；法律保护水平与真实盈余管理显著负相关，说明投资者法律保护水平越高，对真实盈余管理也存在抑制作用；真实盈余管理与收购公司的市场地位显著正相关，与税收成本显著负相关，初步说明收购公司在所处行业中竞争力越强，越有能力实施真实盈余管理；税收成本越高，越会约束收购公司实施真实盈余管理的程度。公司股权集中度越高，越倾向于降低真实盈余管理程度。所有变量之间的相关系数都不大于 0.4，表明不存在严重的多重共线性问题，不会影响模型估计的有效性。

表 5－2　变量的相关性系数矩阵

	Pref	Big8	INI	Loca	IndD	ICDe	HHI_5	Mgsh	Deal	PAY	Relate	SOE	Mark	z_sco	ETR	OpCy	ROA	MB	lnSa	IMR_{RM}
Big8	-0.02																			
INI	-0.11[a]	0.02																		
Loca	-0.05[a]	0.28	0.03[c]																	
IndD	0.024	0.03	0.02	0.00																
ICDe	-0.01	0.06[a]	-0.05[a]	0.04	0.01															
HHI_5	-0.04[b]	0.09[a]	0.030	0,09[a]	0.07[a]	-0.01														
Mgsh	-0.01	0.07[a]	0.036[b]	0.13[a]	0.06[a]	0.08[b]	-0.04[b]													
Deal	-0.01	-0.03[a]	-0.09[a]	-0.04[a]	-0.00	0.01	-0.03[c]	-0.03[c]												
PAY	-0.00	-0.05[a]	-0.09[a]	-0.04	0.00	-0.02	-0.06[a]	-0.08[a]	0.38[a]											
Relate	0.03	-0.01	-0.09[a]	-0.12[a]	-0.02	-0.04[c]	0.06[a]	-0.25[a]	0.15[a]	0.26[a]										
SOE	0.01	0.02	0.00	-0.12[a]	-0.03[c]	-0.01	0.15[a]	-0.34[a]	0.01	0.04[b]	0.21[a]									
Mark	0.05[a]	0.12[a]	0.08[a]	0.09[a]	0.07[a]	-0.04	0.15[a]	-0.09[a]	-0.05[a]	-0.03	0.09[a]	0.12[b]								
z_sco	-0.02	-0.02	0.22[a]	0.00	-0.03	-0.03	0.04[b]	-0.03[c]	-0.02	-0.02	0.01	0.02	0.08[a]							
ETR	-0.11[a]	-0.03	0.05[a]	-0.00	-0.00	0.03[c]	0.11[a]	-0.07[a]	-0.01	-0.06[a]	-0.00	0.03	-0.01	-0.23[a]						
OpCy	-0.02	-0.03[a]	-0.08[a]	0.02	0.00	-0.02	-0.10[a]	0.11[a]	-0.01	0.04[b]	-0.07[a]	-0.13[a]	-0.09[a]	-0.18[a]	-0.025					
ROA	0.02	-0.03[a]	0.02	-0.01	0.04[b]	-0.04	-0.03[c]	0.01	-0.01	0.01	-0.03	-0.02	0.00	0.01	-0.000	0.002				
MB	-0.06[b]	-0.06[a]	0.11[a]	-0.03	0.01	-0.03	-0.16[a]	-0.04[b]	0.16[a]	0.18[a]	-0.04[b]	-0.12[a]	-0.12[a]	0.15[a]	0.09[a]	0.06[a]	0.04[b]			
lnSa	0.03	0.17[a]	0.22[a]	0.03[b]	0.04[b]	0.04[c]	0.29[a]	-0.15[a]	-0.15[a]	-0.17[a]	0.12[a]	0.29[a]	0.40[a]	0.37[a]	-0.08[a]	-0.22[a]	-0.01	-0.35[a]		
IMR_{RM}	0.14[a]	-0.07[a]	-0.42[a]	-0.13[a]	0.04[c]	-0.00	-0.05[a]	-0.17[a]	0.14[a]	0.18[a]	0.16[a]	0.09[a]	0.01	-0.17[a]	-0.12[a]	0.02	0.05[b]	-0.12[a]	-0.10[a]	
IMR_{AM}	-0.12[a]	0.02	-0.07[b]	0.07[a]	0.02	0.02	0.02	-0.11[a]	0.01	0.04[b]	0.08[a]	0.07[a]	0.12[a]	-0.06[a]	0.19[a]	-0.07[a]	-0.09[a]	-0.09[a]	0.04[a]	0.12[a]

注: a, b, c 分别表示在 1%、5% 和 10% 的水平上统计显著; 由于表格所限, 仅保留了小数点后两位数字, 部分数值以 "0.00" 的形式呈现; 同时, 一些变量进行了缩写。

二　盈余管理方式倾向性权衡的实证结果及分析

首先，报告控制并购样本选择偏误的过程。通过模型（5-1）的回归，得到该模型的逆米尔斯系数，以纠正并购样本的选择偏误。如表5-3所示，公司自由现金流 FCF、公司规模 Size、公司成长性 MB 和公司业绩 ROA 与发生并购的可能性显著正相关，这与代理理论所提出的自由现金流越多、公司规模越大、市场价值越被高估及盈利能力越高的公司越容易发动并购的观点一致（Jensen，1986；Harford，1999）。融资约束程度 LFC 与并购可能性显著负相关，说明公司融资受约束程度越高、融资能力越差，发动并购的可能性越小，与赵立彬（2013）的研究结论一致。资产负债率与并购可能性显著负相关，这与 Almazan 等（2010）的研究结论一致，即具有并购机会的公司，会保留较低的资产负债率，以便在并购时能迅速筹集到并购所需资金，提高并购外部融资能力。股权集中度与并购可能性显著负相关，说明股权集中度越高，并购发生的可能性越小。

表 5-3　　　　　对并购样本选择偏误进行纠正的回归结果

Variable	Predicted Sigh	Average Coefficient	Z - Statistic
FCF	+	0.359***	2.91
Size	+	0.068***	4.05
MB	+	0.041**	2.15
Sgrow	+	0.014	1.21
LFC	−	−0.011***	−5.33
Liquid	+	0.093	1.59
LEV	−	−0.485**	−2.34
HHI_5	?	−0.235*	−1.91
ROA	+	0.660***	2.61
Inshock	+	0.280	0.64
Cons		−1.601***	−5.74
Year	控制		
Industry	控制		
Adj − R^2	0.021		
Number	8989		

注：＊＊＊表示在1%的水平上统计显著，＊＊表示在5%的水平上统计显著，＊表示在10%的水平上统计显著。

表 5 - 4 报告了模型（5 - 2）的回归结果。模型（5 - 2）的目的是纠正不同盈余管理嫌疑公司选择时存在的样本选择偏误。在以真实盈余管理为因变量的回归中，见表 5 - 4 的第 3、4 列，IPOSEO、AnalystFW、Bonus 和 Multilist 的系数分别为 0.150、0.013、0.084 和 0.199，分别在 5%、1%、5% 和 5% 的水平上统计显著，说明股票首发上市及再融资、分析师跟随人数、高管薪酬水平、多地上市与真实盈余管理水平显著正相关。控制变量 TobinQ、ROA 和 LEV 的系数分别为 0.043、1.578 和 -1.055，分别在 5%、5% 和 1% 的水平上统计显著，说明公司成长机会越好、盈利能力越好，越容易进行真实盈余管理，而负债水平越高，真实盈余管理越低。

表 5 - 4　对盈余管理嫌疑样本潜在选择偏误进行纠正的回归结果

Predicted Sigh		真实盈余管理		应计盈余管理	
		Average Coefficient	Z Statistic	Average Coefficient	Z Statistic
IPOSEO	+	0.150 **	2.21	0.253 ***	3.81
AnalystFW	?	0.013 ***	6.08	0.006 **	2.85
Shares	?	-0.302 ***	-4.05	-0.028	-0.38
Bonus	+	0.084 **	2.13	0.012	0.31
Multilist	+	0.199 **	2.07	-0.170 *	-1.79
TobinQ	+	0.043 **	2.19	0.032 *	1.79
ROA	+	1.578 **	2.50	2.197 ***	3.64
LEV	?	-1.055 ***	-6.14	0.696 ***	4.22
IMRmerger		-1.318 ***	-3.29	1.318 ***	3.46
Cons		2.679 ***	2.60	-2.068 **	-2.06
Year		控制		控制	
Industry		控制		控制	
Adj - R^2		0.078		0.024	
Number		3136		3136	

注：*** 表示在 1% 的水平上统计显著，** 表示在 5% 的水平上统计显著，* 表示在 10% 的水平上统计显著。

在以应计盈余管理为因变量的回归中，见表5-4第5、6列，IPOSEO和AnalystFW的系数分别为0.253和0.006，且在1%和5%的水平上统计显著，说明股票首发上市及再融资与分析师跟随人数这两个变量不仅对真实盈余管理产生正效应，同时对应计盈余管理也产生正效应。Bonus对应计盈余管理的正效应不明显，Multilist的系数为-0.170，在10%的水平上统计显著，说明受多个交易所监管的收购公司应计盈余管理受到明显抑制，这是由于多地上市的公司比仅在一地上市的公司面临的监管压力更高。控制变量TobinQ和ROA的系数分别为0.032和2.197，分别在10%和1%的水平上统计显著，说明公司成长机会和盈利能力越好的公司，也具有强烈的应计盈余管理动机。与以真实盈余管理为因变量的回归结果不同，LEV的系数为0.696，在1%的水平上统计显著，说明负债水平高的收购公司，应计盈余管理可能性越大，一定程度上说明我国债权人对应计盈余管理的识别能力并不高（饶艳超等，2005；陆正飞等，2008；马永强，2014）。

在前文控制了并购样本及盈余管理嫌疑样本的自选择问题之后，下文报告了收购公司在应计和真实盈余管理方式之间进行权衡的回归结果（见表5-5）。具体分析如下：

关于收购公司的外部公司治理方面，Big8的系数为-0.166，但统计上并不显著，与假设5-1的预期并不一致。一定程度上表明在中国资本市场上，来自八大会计师事务所的审计师对应计盈余管理的抑制作用有限，可能与委托人存在"合谋"有关（赵国宇，2013）。INI的系数为-0.772，在10%的统计水平上与真实盈余管理显著负相关，与假设5-2相一致。说明机构投资者持股比例越高，越关注公司的发展前景及长远利益，真实盈余管理程度越低（Bushee，1998；Roychowdhury，2006；Zang，2012），收购公司越倾向于采用应计盈余管理方式。Location的系数虽然为正，但统计上并不显著。一定程度上说明法律制度环境越好，收购公司可能会越倾向于更隐蔽的真实盈余管理，但目前中国法律制度仍不完善，对应计盈余管理不能发挥有效的治理作用。

表 5 – 5   收购公司盈余管理方式倾向性权衡的回归结果
（因变量为倾向于真实盈余管理）

Variable	Predicted Sigh	Average Coefficient	Z – Statiatic
Big8	+	-0.166	-1.55
INI	-	-0.772 *	-1.78
Location	+	0.020	1.17
IndD	-	1.336	1.45
ICDefi	-	-0.247	-1.58
HHI_5	-	-0.902 **	-2.05
Mgshares	-	0.519	1.14
Dealscale	+	-0.132	-0.58
Pay	?	0.077	0.36
Relate	+	0.193 *	1.74
SOE	-	-0.198 *	-1.72
Marketleader	+	5.935 **	2.17
Z_ score	-	-0.515 *	-1.89
ETR	-	-3.133 ***	-3.00
OpCycle	-	-0.157	-1.37
ROA	+	1.367 *	1.65
MB	?	0.032	0.53
lnSales	+	0.070	0.95
IMR_{RM}		1.008 ***	3.32
IMR_{AM}		-2.528 ***	-4.55
_ cons		-1.268	-0.59
Year		控制	
Industry		控制	
Adj – R^2		0.078	
Number		1823	

注：*** 表示在1%的水平上统计显著，** 表示在5%的水平上统计显著，* 表示在 10%的水平上统计显著。

关于收购公司的内部公司治理方面，IndD 与真实盈余管理的回归系数为正，但统计上并不显著，一定程度说明我国独立董事在董事会中话语权并不高，无法有效抑制真实盈余管理。ICDefi 的系数为负，在统计上接近显著，说明披露内控缺陷信息的收购公司真实盈余管理程度较低，更倾向于实施应计盈余管理方式管理盈余，与假设 5 - 6 预期一致。HHI_5 的系数为 -0.902，在 5% 的水平上统计显著，表明大股东持股比例越高，与公司的长远利益越一致，越能抑制真实盈余管理，假设 5 - 4 得到支持。Mgshares 的系数在统计上不显著，假设 5 - 7 未通过检验。表明管理层持股对收购公司盈余管理方式权衡的影响不大，这可能是由于我国管理层持股比例较低，相关的激励措施和制度不健全导致的（温章林，2010）。

关于并购交易特征方面，模型（5 - 3）的回归结果表明，Dealscale 对盈余管理倾向性的影响不具有统计意义。Pay 的系数在统计上不显著，与本书预期基本一致，表明支付方式并不影响收购公司盈余管理方式的权衡，假设 5 - 9 得到验证。Relate 的系数为 0.193，且在 10% 的水平上统计显著，表明关联交易并购，由于受到更多的关注与监管，公司更倾向于真实盈余管理方式，假设 5 - 10 通过检验。

关于收购公司的特征方面，除了 OpCycle，所有变量与预期一致，假设 5 - 11、假设 5 - 12、假设 5 - 13 和假设 5 - 14 都得到了证实。具体地，SOE 的系数为 -0.198，在 10% 的水平上统计显著，说明相比于非国有公司，实际控制人为国资委的收购公司真实盈余管理程度更低、应计盈余管理程度更高（薄仙慧和吴联生，2006），这与国有公司受到的监管力度相对较低有关。MarketLeader 的系数为 5.935，与真实盈余管理在 5% 的水平上显著正相关，说明收购公司的市场势力越强，越倾向于真实盈余管理。Z_ score 的系数为 -0.515，与真实盈余管理在 10% 的水平上显著负相关，说明公司财务健康状况越好，真实盈余管理程度越低，与 Zang（2012）的研究结论并不一致，这可能是由于公司健康的财务状况存在较大的应计盈余管理空间，加之外部监管成本比较低导致的。ETR 的系数在 1% 的水平上显著负相关，说明边际税率越高的公司，实施真实盈余管理代价更大，因此更倾向于选择应计盈余管理。OpCycle 的系数为负，一定程度说明经营周期越长，应计盈余管理的操控空间越大，收购公司越可能倾向于应计盈余管理方式。

其他的控制变量，ROA 的系数为 1.367，且在 10% 的水平上显著，说明公司上一年的经营业绩越好，越倾向于采用真实盈余管理的方式以保持良好业绩的持续性。IMR_{RM} 和 IMR_{AM} 的系数分别为 1.008 和 -2.528，在 1% 的水平上统计显著，有效纠正了样本选择偏误。

三 盈余管理方式实施顺序权衡的实证结果及分析

根据计量经济学的相关要求，面板数据在进行回归前要检验数据的平稳性，以避免共同趋势引起的伪回归现象。因此，本书在利用 Granger 因果检验方法探究应计和真实盈余管理方式的先后顺序之前，应对这两组数据间是否存在协整关系进行检验，保证两组变量是同阶单整的（即存在协整关系）。

首先，分别对收购公司真实和应计盈余管理这两组面板数据进行单位根检验（Unit Root Test）。根据相关的计量经济学文献，目前对于面板数据平稳性的单位根检验方法，主要分为相同根（Common Root）和不同根（Individual Root）两大类，对应的统计量分别为 LLC - T、BR - T、IPS - W 和 ADF - FCS、PP - FCS（Levin et al.，2002；Breitung，2000；Im et al.，1997；Maddala and Wu，1999）。为保证检验结果的可靠性，本书分别从这两类方法中选择一个统计量进行检验。单位根检验结果表明（见表 5 - 6）：对于真实和应计盈余管理，其各自的单位根检验都显著拒绝原假设（"存在单位根"），即这两个变量序列的水平值均表现出平稳性，无须进行差分处理，且两类不同的单位根检验方法都证明了这两个序列的平稳性。

接下来，利用 Eviews 8.0 软件，对 Granger 因果检验涉及的面板数据——真实盈余管理 RM 与应计盈余管理 AM 之间是否存在同阶单整即协整关系进行检验。根据目前计量经济学中对于面板数据协整关系检验的方法，本书选择 Kao（1999）、Kao 和 Chiang（2000）基于推广的 DF 和 ADF 检验提出的面板协整检验方法，零假设为 "不存在协整关系"，并且利用静态面板回归的残差来构建统计量 ADF 值。表

5-7 报告了使用 Eviews 8.0 统计软件对两类盈余管理变量间是否存在协整关系的 Kao 检验结果，结果显示，ADF 统计量在 1% 水平之上拒绝原假设，表明真实盈余管理 RM 与应计盈余管理 AM 之间存在同阶单整即协整关系，即二者存在长期均衡关系，可以进行 Granger 因果检验，以探究两类盈余管理方式实施过程中是否存在先后因果关系。

表 5-6　　　　　　　真实盈余管理 RM 与应计盈余管理

AM 面板数据单位根检验结果

Null Hypothesis：Unit root（common unit root process）		
Sample：2008 2013		
Exogenous variables：Individual effects		
Automatic selection of maximum lags		
Automatic lag length selection based on SIC：0		
Newey - West automatic bandwidth selection and Bartlett kernel		
Total（balanced）observations：7160		
Cross - sections included：1432		
Series：RM（真实盈余管理）		
Method	Statistic	Prob. **
Levin, Lin & Chu t*	- 106. 18	0. 00
ADF - Fisher Chi - square	4825. 20	0. 00
ADF - Choi Z - stat	- 22. 83	0. 00
Series：AM（应计盈余管理）		
Method	Statistic	Prob. **
Levin, Lin & Chu t*	- 141. 76	0. 00
ADF - Fisher Chi - square	5703. 37	0. 00
ADF - Choi Z - stat	- 33. 13	0. 00

注：** 表示 5% 水平上统计显著，Fisher Chi - square 统计量假设服从渐近卡方分布，Levin, Lin & Chu t 及 Choi Z - stat 测试假设服从渐近正态分布。

表 5 - 7 真实盈余管理 RM 与应计盈余管理 AM 变量
之间协整关系的 Kao 检验结果

Series：RM（真实盈余管理）AM（应计盈余管理）		
Sample：2008 2013		
Included observations：8592		
Null Hypothesis：No cointegration		
Trend assumption：No deterministic trend		
Automatic lag length selection based on SIC with a max lag of 0		
Newey – West automatic bandwidth selection and Bartlett kernel		
	t – Statistic	Prob.
ADF	− 50. 99	0. 00
Residual variance	0. 09	
HAC variance	0. 05	

最后，利用 Eviews 8.0 软件对两类盈余管理变量进行配对格兰杰因果检验①（Pairwise Granger Causality Tests），见表 5 - 8。Granger 因果检验表明：真实和应计盈余管理之间互为因果关系，不存在先后顺序。说明了收购公司会同时采用真实和应计盈余管理方式，进行组合达到特有目的，与假设 5 - 16 一致。研究并未得出上市公司在进行盈余管理时，真实盈余管理实施在先应计盈余管理实施在后的结论（Zang，2012）。

表 5 - 8 真实盈余管理 RM 与应计盈余管理
AM 变量之间 Granger 检验结果

Pairwise Granger Causality Tests			
Sample：2008 2013			
Lags：1			
Null Hypothesis：	Obs	F – Statistic	Prob.
AM does not Granger Cause RM	7157	63. 35	0. 00
RM does not Granger Cause AM	7157	5. 96	0. 00

① 根据国外学者对 Granger 因果检验方法的最近讨论，发现这种配对 Granger 因果检验方法可以克服传统 Granger 检验存在的无法识别潜在多种因果联系而产生的误导判断。

第五节 拓展性检验

本书采用 Hausman（1978）方法对实施盈余管理方式的先后顺序进行了拓展性检验，见表 5 - 9。

表 5 - 9　　　　真实和应计盈余管理实施顺序权衡的
回归结果（Hausman 检验）

因变量 自变量	AM（检验 RM 是否外生于 AM）		因变量 自变量	RM（检验 AM 是否外生于 RM）	
	Coefficient	T - Statiatic		Coefficient	T - Statiatic
Marketleader	- 0. 033	- 0. 41	Marketleader	0. 139	2. 39
z_ score	- 0. 006	- 0. 45	z_ score	- 0. 015	- 1. 16
Dealscale	- 0. 005	- 0. 27	Dealscale	0. 001	0. 20
Pay	0. 024 **	1. 76	Pay	- 0. 008	- 0. 87
Relate	0. 007	1. 22	Relate	0. 007	1. 90
SOE	0. 006	1. 01	SOE	0. 002	0. 53
INI	- 0. 049	- 1. 99	INI	- 0. 046 ***	- 2. 75
Big8	- 0. 005	- 0. 84	Big8	- 0. 005	- 1. 20
ROA	- 0. 001	- 0. 97	ROA	0. 001	1. 27
HHI_5	0. 009	0. 36	HHI_5	- 0. 024	- 1. 25
IndD	- 0. 086 *	- 1. 66	IndD	- 0. 047	- 1. 16
ETR	- 0. 01	- 8. 06	ETR	- 0. 005 ***	- 2. 97
Mgshares	0. 001	0. 01	Mgshares	0. 029	2. 25
ICDefi	- 0. 006	0. 61	ICDefi	- 0. 008 *	- 1. 64
IMR_{MA}	- 0. 053	- 1. 02	IMR_{MA}	0. 050 *	- 1. 71
IMR_{AM}	0. 182 ***	5. 70	IMR_{AM}	0. 079 ***	7. 06
RM	0. 058	1. 35	AM	0. 028	1. 38
Pre RM	- 0. 67 ***	- 3. 32	Pre AM	0. 295 **	1. 89
Adj_ R	0. 077		Adj_ R	0. 149	
Obs	2297		Obs	2297	

注：*** 表示在1%的水平上统计显著，** 表示在5%的水平上统计显著，* 表示在10%的水平上统计显著。

　　检验结果显示：在应计盈余管理 AM 与真实盈余管理 RM 和其工具变量 Pre_ RM 的回归中（表 5 - 9 中的第 2、3 列），Pre_ RM 与 AM 之间存在显著的相关关系；同时，在真实盈余管理 RM 与 AM 和其工具变量 Pre_ AM 的回归中（表 5 - 9 中的第 5、6 列），Pre_ AM 与 RM 之间也存在显著的相关关系。根据 Zang（2012）的观点，如果 RM 的工具变量 Pre_ RM 在对 AM 回归时，系数不显著，则 RM 对于 AM 而言是一个外生变量。而检验结果显示 RM 与 AM 二者之间存在相互影响的内生关系，而非 Zang（2012）研究得到的"RM 外生于 AM，AM 内生于 RM"的结论，进一步表明应计和真实盈余管理是相互影响的，不存在先后顺序。通过拓展性检验，进一步验证了假设 5 - 16。

第六节　主要研究结论

　　本章重点研究了收购公司如何对盈余管理方式倾向性以及二者实施的先后顺序进行权衡的问题，主要研究结论如下：（1）收购公司在对盈余管理方式进行权衡时遵循成本效益原则，通过对不同因素影响下应计和真实盈余管理方式的监督成本和相对收益进行对比，做出盈余管理方式倾向性的选择。其中，依据利益趋同理论，机构投资者及大股东持股比例越高，收购公司实施短期应计盈余管理获得的相对收益更多，则倾向于应计盈余管理方式；非国有控股以及进行关联并购交易的收购公司，监管成本相对更高，因而倾向于真实盈余管理；市场位势越高、盈利能力越好、税收成本更低的收购公司，越倾向于实施真实盈余管理。（2）通过对真实和应计盈余管理之间关系的 Granger 检验及 Hausman 检验，发现二者之间互为因果关系，表明收购公司会同时实施真实和应计盈余管理方式进行盈余管理，在实施时机上不存在绝对的先后顺序。

第六章　盈余管理方式对并购绩效的影响

　　关于并购绩效，大量文献表明收购公司在并购交易完成后，无论是短期市场反应还是长期业绩表现，都出现了明显的下滑（Asquith，1983；Agrawal et al.，1992；Loughran and Vigh，1997；Bruner，2002）。现实经济活动也反映出，多数并购并未达到预期结果，根据清科研究中心 2013 年的统计数据[①]，相当多的上市公司在并购后业绩出现了不同程度的下滑。本书采用资产收益率以及现金流量占资产的比率这两个指标作为并购绩效的替代变量，度量了并购当年（T_0）、并购后一年（T_1）、并购后两年（T_2）和并购后三年（T_3）收购公司经营业绩的变化，如图 6 - 1 所示，总体来看，并购绩效确实存在明显的下降趋势。

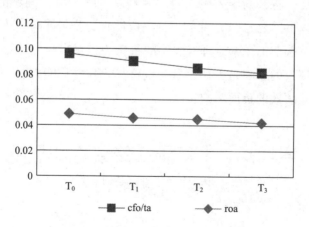

图 6 - 1　收购公司并购绩效的变动趋势

---

　　①　清科研究中心 2013 年《中国上市公司并购专题研究报告》。

"并购后业绩下降之谜"激起了学者们的研究兴趣。一些学者尝试从盈余管理的视角解释并购后的业绩下降（Louis，2004；赵立彬和张秋生，2012；Francoeur，2012），认为应计盈余管理在并购后的反转是引起并购绩效下降的一个主要原因。近几年来，盈余管理领域出现了新的进展，越来越多的学者开始同时关注应计和真实两种不同的盈余管理方式对公司未来经营业绩的影响，在解释 IPO、SEO 等重大事件完成后公司经营业绩的下滑现象时，多数学者认为真实盈余管理比应计盈余管理对公司业绩下滑的"贡献"更大（Cohen，2008；Cohen and Zarowin，2010；Zang，2012；李增福等，2011）。然而也有学者对此观点并不认同，Taylor 和 Xu（2010）研究表明，为达到短期盈余目标而对近期经营活动进行操控的真实盈余管理不足以导致未来经营业绩的显著下滑。如果公司只是"偶尔"实施了真实盈余管理，且在下一年度就恢复了正常经营策略，那么这种有限的真实活动操纵并不足以对公司未来业绩产生显著的负面影响；如果公司经常定期操纵经营活动进行盈余管理，就会损害公司的长期经营业绩。

针对学术界关于盈余管理对未来经营业绩影响不同观点的争议，本章聚焦于上市公司并购事件，以并购战略的初衷是以实现企业价值创造为前提，将并购能力引入到"并购后业绩下滑"问题的研究中，试图解决以下问题：（1）并购事件完成后收购公司并购绩效的下滑现象是否与并购前的盈余管理有关？如果相关，真实与应计盈余管理方式对并购绩效的影响是否存在显著差异？（2）并购能力能否抑制盈余管理对并购绩效的负面影响？

第一节 为何研究并购绩效不能忽略并购能力？

一 何谓并购能力？

长期以来，理论界对于并购领域的研究集中于并购发生的原因（并购动因）以及并购能否创造价值（并购绩效）两个方面，关于并购能力的研究尚处于探索阶段。从既有文献来看，学者们以企业资源论为基础，对并购能力的概念进行了界定（张秋生，2005；田飞，2010；陈轲，2006；Laamanen and Keil，2008；葛伟杰等，2015），但由于研究视角和侧重点的不同，并未形成一致的观点。张秋生（2005）提出，并购能力指"具有并购动机的收购方实施并购的实力"，能力的高低取决于企业所控制和拥有的剩余人力、物力、财力和知识等资源及其组合。基于知识观，田飞（2010）认为，并购能力是"获取、传播、共享和利用相关并购知识而建立的一种组织学习机制的管理能力"。作为一种组织能力（Laamanen and Keil，2008），并购能力来源于企业控制并拥有的价值稀缺资源和组织资源，是驱动企业在特定环境中做出并购战略选择、制定并购计划的一种力量（陈轲，2006），能有效转移企业发展过程中积累的剩余资源，并借助管理机制对并购双方资源进行有效整合（陶瑞，2014）。这些观点各有合理之处，但将并购能力看成静态能力是不科学的。由于企业是处于社会大系统中的子系统，需要与外界不断进行信息和能力的转换以适应不断变化的外部环境，因此，葛伟杰（2015）基于动态观，将并购能力定义为"反映企业如何将其所拥有和控制的剩余资源转换为并购价值的相对转换效率，并随着外部环境的变化不断做出调整的动态能力"。本书认同葛伟杰（2015）关于并购能力的定义，即并购能力是动态发展的，与并购前准备阶段、并购中交易阶段及并购后整合阶段相对应，包括识别能力、交易能力和整合能力，但需要说明的是，三者之间不是简单的相加而是交集关系[1]，最终表现为并购整合能力。

---

　　[1]　借鉴柯布—道格拉斯函数，张秋生（2005）在提出并购能力基本模型时，已经表明了相关要素不能简单相加的思想。$C = \lambda H_S^{\alpha}(K_S + M_S)^{\beta} S_S^{\gamma}$，其中：$H_S$ 表示剩余人力资源，K_S 表示剩余财力资源，H_S 表示剩余并购管理能力，α、β 和 γ 分别表示这三个指标对于并购能力的弹性系数。葛伟杰（2015）在此基础上，进一步明确了并购能力是识别能力、交易能力及整合能力的交集。具体地说，一个企业仅仅具备对目标公司的识别能力、并购交易能力和并购整合能力三者中的任何一种或者两种，都不能说明具备了相应的并购能力。比如说，一个企业能够很准确地发现目标公司，但是不具备并购交易能力，那么并购交易无法进行，后续整合成为空谈。即使一个企业同时具备对目标公司的识别能力和并购交易能力，但若不具备并购后的整合能力，也会使并购功亏一篑，产生巨额的沉没成本，只有三者同时具备，才能说明该企业具备了成功完成并购所需的能力。

二　并购能力在并购过程中的重要作用

关于并购绩效的既有研究，大多关注并购交易完成后绩效的变动，热衷于讨论并购完成后的股票的市场反应及短期和长期的会计业绩，据此粗略地得出并购是提升还是毁损了股东价值的结论（Schwert，1996；Frank et al.，1991；Moeller et al.，2004），未充分考虑并购能力的影响。值得注意的是，并购是一个风险重重的复杂过程，贯穿于整个并购过程始终的并购能力对于并购能否成功至关重要，是直接影响并购绩效的决定性因素，忽视并购能力所得出的研究结论是有失偏颇的。

图6-2反映了并购战略、并购能力、盈余管理与并购绩效的关系。在以实现价值创造和价值增值为最终目标的并购活动中，并购战略和并购能力是确保并购实现其初衷的关键因素，二者之间存在相互依存的辩证关系。并购战略是并购成功的前提，并购能力是并购成功的保障。并购战略的制定必须在公司总体发展战略的规划框架下，通过对所处行业的竞争环境、经济政策、面临环境变化反应的灵敏度及预期的风险及收益进行评估，对公司所拥有或控制的财务、技术、管理和信息等资源能否通过合理利用而占据竞争优势进行判断，对自身的优势、劣势、机遇和威胁进行综合分析后才能最终确定。并购战略一经制定，保障其顺利执行和完成的关键是并购能力，如果缺乏足够的并购能力，企业的并购战略无论制定得多么科学合理，都无法得到有效实施，最终会前功尽弃，导致并购失败。同理，充足的并购能力若没有正确的并购战略指引，同样无法实现价值创造的并购目标。

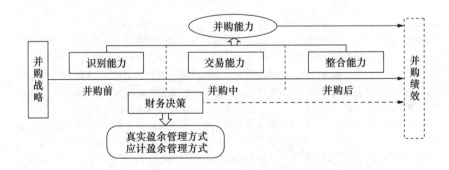

图6-2　并购战略、并购能力、盈余管理与并购绩效的关系

　　与并购能力和并购战略相比，盈余管理只是并购交易完成之前对并购定价产生影响的一种短期财务决策行为，从这个角度分析，无论是什么方式的盈余管理，也无论是什么性质的盈余管理（机会主义型或者信息驱动型），都是一种短期行为，虽然会对未来并购绩效产生一定影响，但其绝不是未来并购绩效的主要决定因素。在正确并购战略的指引下，并购能否实现价值创造的初衷，关键在于并购能力，尤其是并购交易完成后的整合能力。Balakrishnan 和 Koza（1993）以及 Vaara（2003）曾提出，并购的交易过程是不可逆转的，对潜在目标公司的价值评估和并购后的整合是决定并购能否成功的关键。企业并购能力越强，并购成功概率越高，股东的并购期望也越大（宋文云和谢纪刚，2012）。近年来，越来越多的学者试图从并购能力的视角解释并购后业绩表现不佳甚至导致并购失败的原因。并购管理能力不足（田飞，2010）或者企业缺乏对并购能力的正确估计和评价（陶瑞和刘东，2012）是导致并购失败的主要原因。Bannert 和 Tschirky（2004）认为，并购的最大风险是并购后的整合过程而不是交易本身。并购双方在人力、组织和文化等方面的整合是一个不断沟通、磨合、调整及适应的动态过程，有效的并购整合是需要不断积累和不断发展的（Zollo and Winter，2002），知识管理及各种知识工具的使用有助于提升企业的并购整合能力（Amiryany et al.，2012）。在并购实务界，思科公司和中国建材作为并购成功的典范，成功的秘籍不仅在于正确的并购战略，还在于具备有效整合双方资源的并购能力。

　　综上所述，在正确的并购战略下，并购能力对并购后业绩起着根本性的决定作用，尤其是对可支配资源有效配置、重构及整合的能力，直接关系到企业是否能够实现并购价值创造的初衷。因此，并购能力对并购成功至关重要，研究与并购绩效相关的问题不能忽略并购能力这一重要因素。

第二节　理论分析与研究假设

一　盈余管理与并购绩效

根据有效市场假说，市场上所有公开信息会迅速被证券价格所吸收，股市不会被会计信息操纵所误导（Laffont and Maskin，1990）。然而现实中，市场并非完全有效，已有经验研究表明，市场受到了会计盈余报告的影响（Sloan，1996；Bradshaw et al.，2001；Kraft，2006）。股价和会计盈余之间的相关性激发学者们试图从盈余管理的视角解释"并购后业绩下降之谜"。

盈余管理包括"应计盈余管理"（Accrual – based Earnings Management）和"真实活动盈余管理"（Real – activities Earnings Management）两种方式。前者主要采用会计估计变更和会计政策选择的方法，在既定交易不变的基础上，通过应计项目账面的调整管理盈余；后者则主要采用"异常"真实交易的方法，改变正常的既定交易进行盈余管理，这些异常交易也按照会计准则进行确认、计量和列报，与正常交易一样进入报告过程，难以区分。因此，和应计盈余管理方式相比，真实盈余管理方式实施起来更烦琐，但隐蔽性更强（Graham et al.，2005；Roychowdhury，2006）。

理论上分析，应计盈余管理实质上是将公司利润确认在不同时点的人为调整，既可以将前期的盈余递延至本期，也可以将未来期间的利润提前至本期实现，而总盈余在长期内是不变的。如果收购公司为达到特有目的，在并购前期或当期通过操控性应计项目调高（调低）会计盈余，则以后期间发布的盈余数字可能比正常的盈余数字更低（更高），这是由于应计的特性使其在随后期间发生反转导致的。既有研究发现，应计盈余管理的反转导致了股份支付并购后业绩的下降（Louis，2004；Francoeur et al.，2012；赵立彬和张秋生，2012）。Louis（2004）实证检验了收购公司换股并购宣告前的盈余管理对并购后绩效的影响，发现收购公司在并购前一季报中存在显著为正的可操控应计利润，并购交易完成后应计利润反转造成了公司经营业绩的显著下降。Francoeur 等（2012）发现，加拿大以股份作为融资手段的上市公司，在并购宣告前一年和当年存在显著正向应计盈余管理，其程度与并购后长期绩效显著负相关，说明投资者在很长一段时期内惩罚了并购前盈余管理的机会主义行为。赵立彬和张秋生（2012）研究了中国上市公司换股并购中的盈余管理问题及其对并购绩效的影响，发现收购公司在并购前一年存在显著的正向应计盈余管理，并购后应计项的反转导致了并购绩效的下滑，得出了与 Louis（2004）相近的结论。

与应计盈余管理不同，真实活动盈余管理通过安排真实交易进行利润操控以达到特有目的。这些"异常交易"偏离了公司的正常经营轨道，直接导致现金流的改变并损害公司未来长期现金流，对公司长期业绩会造成更大的负面影响，这种负面影响至少部分抵消了加强监管带来的好处（Tan and Jamal，2006；Cohen and Zarowin，2010；李增福等，2011；蔡春等，2013）。Cohen 和 Zarowin（2010）检验了美国上市公司再融资当年的应计和真实盈余管理水平对公司未来经营业绩的影响，发现真实盈余管理方式比应计盈余管理方式对公司未来业绩的负面影响更大；李增福等（2011）发现，应计盈余管理导致再融资短期业绩的下降，真实盈余管理则导致公司长期业绩的下降。蔡春等（2013）研究表明，上市公司 IPO 之前进行的真实盈余管理对公司业绩的损害体现在中长期，且该负面效果会逐渐表现出来。并购作为资本市场的重要事件之一，与 IPO、SEO 一样，也会受到并购前应计和真实盈余管理的负面影响。

基于以上分析，提出以下假设：

假设 6-1：其他条件不变，并购交易前期收购公司应计盈余管理程度越高，对并购绩效的负面影响越大。

假设 6-2：其他条件不变，并购交易前期收购公司真实盈余管理程度越高，对并购绩效的负面影响越大。

假设 6-3：其他条件不变，与应计盈余管理相比，收购公司并购交易前期进行的真实盈余管理对并购绩效的负面影响更大。

二 盈余管理、并购能力与并购绩效

并购能力直接影响并购投资的结果。良好的并购管理能力能够带来并购绩效的显著提高（田飞，2010）。赵立彬（2013）的研究表明，并购融资能力是并购交易得以完成的必要条件；良好的金融发展环境促进了企业融资能力的提高，继而对后续的并购整合以及最终的并购绩效产生积极影响。Leverty 和 Qian（2009）提出，衡量并购是否成功的标准在于并购是否带来了价值创造，并购所需的剩余资源固然重要，但是决定并购是否能够成功的最主要的因素是有效配置这些资源的能力。并购能力越强，意味着配置资源的效率越高，并购产生的价值越大。由于并购能力的难以观测和难以度量，使并购能力的研究受到了限制。葛伟杰等（2015）基于张秋生（2005）的思想，采用随机前沿分析方法（SFA）对并购能力进行度量，并考察了并购能力对并购绩效的影响，为"并购能力能够有效提高并购绩效"提供了更有力的经验证据。

盈余管理是一种迅速达到预期目的的短期财务决策行为。收购公司为提高并购成功的概率，进行盈余管理的动机更强烈。盈余管理具有信息传递和机会主义的双重特征，在向市场传递公司未来发展积极信号（Healy and Palepu，1993；Subramanyam，1996；Gunny，2010）的同时，也会对并购后长期业绩产生负面影响（Louis，2004；赵立彬，2012）。鉴于并购能力对并购绩效的重要作用，未考虑并购能力而仅针对盈余管理与并购绩效进行研究，所得出的结论可能夸大了盈余管理对未来业绩的负面作用。

与股票首发上市和再融资不同，并购涉及资源重新配置及经营决策的重新制定。实际上，收购公司在交易前进行盈余管理决策时，会合理预期并购后资源整合对盈余管理负面结果的"纠正作用"，同时理性地在成本和收益之间反复权衡，以避免对未来经营业绩造成过大损害（Tan and Jamal，2006；Zhu et al.，2015）。并购交易完成后，收购公司转入并购整合阶段，理性的管理者会清楚地认识到，静态存量资源的增加不会为并购后业绩的"增厚"做出较大贡献；只有通过对资源、品牌、渠道、管理等要素进行重新配置，积极培育和提高并

购整合与管理能力，才能使企业经营尽快回到新的轨道，逐步消除前期盈余管理对并购绩效的负面影响。但并购能力不是一蹴而就的，而是随着并购整合进程，不断地积累和提高。在整合初期，整合能力无法迅速形成，短期内无法有效抑制盈余管理对并购绩效的负面影响；随着整合的深入，整合能力逐步提高，并购双方在资源匹配、组织结构、管理哲学和企业文化方面的融合效果以及协同效应开始凸显（周小春和李善民，2008）。并购能力开始对盈余管理发挥抑制作用，直至完全抵消掉其负面影响；之后，并购能力继续发挥积极作用，引起并购绩效不断提高，最终并购价值创造的目标得以实现。基于以上分析，提出以下假设：

假设6-4：并购能力能够有效抑制盈余管理对并购绩效的负面影响；其他条件不变，收购公司的并购能力越强，盈余管理对并购绩效的负面作用越小。

第三节　研究设计

一　主要变量的计量

1. 并购绩效

本书分别采用市场法和会计指标法度量并购绩效，时间窗口为并购后1—3年。如果时间窗口过短，无法准确捕捉到并购后公司价值的变化（Loughran and Vigh，1997），时间窗口过长，又会因为样本量过少导致研究结论的可靠性不足。此外，关于并购绩效的既有文献大多采用1—3年的窗口期（Rau and Vermaelen，1998；Mitchell and Stafford，2000；Danliuc et al.，2014）。

采用市场法时，以并购事件发生后股票价格的长期走势即长期持有超额收益（BHAR）度量并购绩效。之所以采用这一指标，主要是由于我国股票市场是反应过度的（孔东民，2005），且市场有效性低于发达国家（陈收等，2004；王磊等，2011）。采用BHAR这一指标度量长期超额收益相比于CAR这一指标更合理，不仅避免了短期内投资者情绪波动的因素，而且通过选择规模、市账比接近的配对公司可以很好地消除新上市、再平衡等统计偏差（Barber and Lyon，1997；王化成等，2010）。此外，既有研究成果也曾采用 BHAR 这一指标度量收购公司的长期绩效（Spiess and Affleck - Graves，1995；宋希亮等，2008）。借鉴李善民和朱滔（2005）等的做法，基于 Fama - French 的三因素模型，控制公司规模以及权益账面—市值比，按照高低交叉分成 25 组的方法确定对应组合。具体地，BHAR 等于收购公司与其对应组合的长期持有收益的差额，其计算公式为：

$$BHAR_{ij} = \Pi_{j=1}^{j}(1 + R_{ij}) - \Pi_{j=1}^{j}(1 + R_{pj}) \qquad (6-1)$$

式中，R_{ij} 为公司在 i 月的收益率，R_{pj} 为其对应组合在 i 月的收益率。分别计算并购交易完成后 12 个月、24 个月和 36 个月的 BHAR，作为并购交易完成后一年、后两年及后三年收购公司并购绩效的代理变量。

采用会计指标法时，主要选取总资产收益率（ROA）以及现金流量与资产的比率（CFO/TA）这两个指标作为并购绩效的代理变量（Danliuc et al.，2014；杨志海和赵立彬，2012）。为了准确地衡量并购事件发生后公司经营业绩的变化，借鉴 Barber 和 Lyon（1996）、Cohen 和 Zarowin（2010）的做法，选取同行业同年度资产规模最接近且未发生并购的样本作为配对样本进行调整，以收购公司与配对样本在并购完成后 1—3 年 ROA 以及 CFO/TA 的变化量之差测度并购绩效。

2. 并购能力

关于并购能力，本书分别采用 Danliuc 等（2014）的模型以及葛伟杰（2015）的模型进行测度，采用前一种模型计算出的并购能力用 PAI 表示，采用后一种模型计算出的并购能力用 CAP 表示，分别作为并购能力的替代变量，以 PAI 这一指标进行主检验，以 CAP 这一指标进行稳健性检验。

Danliuc 等（2014）在研究并购后整合与并购长期绩效的关系时，以公司并购前后购置资产的支出与处置资产收入比率（PAI）的变化作为并购整合能力的代理变量。该方法借鉴了 Pablo（1994）提出的

"依据并购后交易双方资产的替代程度直接测度并购整合能力"的思想，因为在整合过程中，一方面会为了资产再组合产生新资产的购置成本，另一方面会产生处置整合过程中的冗余资产而获得相应的收入。该方法理论上较为合理，且计算简单，在实践中可操作性强，其基本模型为：

$$PAI = \left[\frac{\ln(1 + EXP_{post,j}) + 1}{\ln(1 + REV_{post,j}) + 1} \right] - \left[\frac{\ln(1 + EXP_{pre,j}) + 1}{\ln(1 + REV_{pre,j}) + 1} \right] \qquad (6-2)$$

式中，$EXP_{post,i}$ 表示并购后购建固定资产、无形资产及其他长期资产的支出；$REV_{post,i}$ 表示并购后处置冗余的固定资产、无形资产、其他长期资产以及处置子公司及其他营业单位的收入，等于包括并购当年在内的并购后两年收购公司现金流量表中所对应数据的和；$EXP_{pre,i}$ 和 $EXP_{pre,i}$ 分别指的是并购前购建固定资产、无形资产及其他长期资产的支出及处置冗余的固定资产、无形资产、其他长期资产和处置子公司及其他营业单位的收入，等于不包括并购当年的并购前两年现金流量表中所对应数据之和。[①]

葛伟杰（2015）对并购能力进行测度的模型是基于张秋生（2005）度量并购能力方法的一种改进和补充，采用的是随机前沿分析方法（SFA），以相应的剩余资源为输入变量，经济结果为输出变量，以超越对数生产函数（Translog）作为模型设定，通过计算剩余资源对并购绩效的转化效率间接度量并购能力。基本模型如下：

$$\ln GAP = \ln\alpha_0 + \alpha_1\ln K + \alpha_2\ln L + \alpha_3(\ln K)^2 + \alpha_4(\ln L)^2 + \alpha_5\ln K\ln L$$

$$(6-3)$$

式中，α_0、α_1、$\cdots$、α_5 是待估计的参数。超越对数生产函数的本质是柯布—道格拉斯生产函数在（0，0）点的二阶泰勒展开，在公式中，当 α_3、α_4 和 α_5 为零时就退化为柯布—道格拉斯生产函数。

在葛伟杰（2015）测度并购能力的模型中，对于输入变量，选取固定资产净额（FixAsset）及无形资产（Intan）、营业成本（Cost）、

① 此外，将计算窗口改为并购前三年，并根据该结果进行并购能力的高低分组，回归结果与窗口期为两年的符号和显著性较为一致。

销售及管理费用（Sga）、高管薪酬分别作为企业的资本投入、成本投入、费用投入及人力资源投入的替代变量。以并购前后收入的变动额（ΔRev）或者净利润的变动额（ΔProfit）作为输出变量，为消除噪声的影响，准确衡量并购所引起的收入及净利润的增长，扣除了行业自然增长的影响，ΔRev（ΔProfit）等于公司并购后三年的平均收入（平均净利润）扣除其正常增长的收入（净利润）及行业平均值的差额。其中，企业正常增长的收入（净利润）为并购前两年的平均收入（平均净利润）乘以并购前两年的平均增长率，输入变量转化为输出变量的效率即为并购能力。

二 回归模型的构建

在控制其他影响因素的情况下，为检验应计和真实两种不同的盈余管理方式对并购绩效的影响，本书设计以下回归模型：

$$Futureperf = \beta_0 + \beta_1 AM + \beta_2 RM + \beta_3 Deals + \beta_4 Payment + \beta_5 Relate$$
$$+ \beta_6 SOE + \beta_7 TobinQ + \beta_8 Lev + \beta_9 Mgsh$$
$$+ \beta_{10} Sgrow + \beta_{11} IndD + \beta_{12} Size + \varphi \sum Industy$$
$$+ \gamma \sum Year + \mu \qquad (6-4)$$

式中，Futureperf 表示并购绩效，分别以连续持有的超额收益（BHAR）、资产收益率（ROA）和现金流量占资产的比率（CFO/TA）作为其代理变量。AM 表示并购宣告当年收购公司的应计盈余管理水平；RM 表示并购宣告当年收购公司的真实盈余管理水平；Deals 表示并购交易规模，等于交易价格与收购公司当年市值的比值；Payment 表示并购支付方式，股份支付取值为 1，现金支付取值为 0；Relate 表示交易性质，关联交易为 1，非关联交易为 0；SOE 表示收购公司的实际控制人类型，实际控制人为国资委取值为 1，否则为 0；TobinQ 表示公司股权市场价值与账面价值的比例；Lev 表示资产负债率；Mgsh 表示公司高管的持股比例，Sgrow 表示公司并购前三年的营业收入增长率；IndD 表示公司独立董事占董事会总席位的比例；Size 表示公司规模，等于年末资产总额的自然对数。为消除内生性的影响（Bushee，1998），Tobinq、Mgsh、IndD、Size 和 Lev 都采用并购前一年年末的数据。根据假设 6 – 1 和假设 6 – 2，预计 β_1 和 β_2 同时显著为负，说明应计盈余管理和真实盈余管理都对并购绩效产生了负面影响；而基于假设 6 – 3，预计 β_2 的绝对值显著大于 β_1 的绝对值，表明不同盈余管理方式对并购绩效的影响存在显著差异，真实盈余管理比应计盈余管理对并购绩效的损害更大。

为检验假设 6 – 4——并购能力可以抑制盈余管理对并购绩效的负面影响，本书按照式（6 – 2）计算出来的并购能力（PAI）的高低将并购样本分为两组：大于当年同行业并购样本中位数（并购能力高组）和小于中位数（并购能力低组），对模型（6 – 1）进行分组回归，检验并购能力高低组中，两种不同盈余管理方式对并购绩效影响的差异，借以判断并购能力能否对盈余管理的负面影响发挥抑制作用。预计在并购能力高组，盈余管理对并购绩效的负面作用在短期内仍显著为负，长期内不再有显著性，而在并购能力高组，盈余管理对并购绩效的负面影响仍存在持续显著性。

此外，分别构造并购能力与应计盈余管理以及真实盈余管理的交乘项，加入到模型（6 – 4）中，得到对假设 6 – 4 进行稳健性检验的模型（6 – 5）：

$$
\begin{aligned}
Futureperf = &\ \beta_0 + \beta_1 AM + \beta_2 RM + \beta_3 PAI + \beta_4 PAI \times AM + \beta_5 PAI \times RM \\
&+ \beta_6 Deals + \beta_7 Payment + \beta_8 Relate + \beta_9 SOE + \beta_{10} TobinQ \\
&+ \beta_{11} Lev + \beta_{12} Mgs + \beta_{13} Sgrow + \beta_{14} lndD + \beta_{15} Size \\
&+ \varphi \sum Industry + \gamma \sum Year + \mu \qquad (6-5)
\end{aligned}
$$

基于之前有关并购（整合）能力对于并购前盈余管理对并购后绩效影响的理论分析，预期并购能力与两类盈余管理的交乘项系数和显著为正，特别是在并购后的更长时间段内（2—3 年）。由于并购能力的代理变量 PAI 的计算基准与盈余管理代理变量（AM 和 RM）以及其他财务指标的基准不同，前者以并购前资产更新处置速率作为标准，而后者多基于总资产、股权市值等财务指标，不具有可比性。因此，本书将计算得到的并购样本 PAI 分行业、分年度进行分数化处理，将其转化为 0—1 之间的小数，再代入到模型（6 – 5）当中进行回归。

三 样本来源及选择

样本来源及选择同前面章节,但由于测算并购绩效及并购能力需要连续三年的财务数据,为保证数据的一致性,在研究应计和真实两种不同的盈余管理方式对并购绩效的影响以及并购能力在盈余管理与并购绩效关系中能否发挥抑制作用时,并购样本只能包括2008—2011年间发生并购的 A 股上市公司。因此,并购样本的时间跨度为2008—2011 年,财务数据的时间跨度为2006—2014 年。

第四节　实证结果及分析

一 描述性统计及相关性分析

表 6 - 1 报告了样本相关变量的描述性统计结果。如表 6 - 1 所示,在并购交易完成后第 1 年、第 2 年和第 3 年,并购绩效的财务代理变量 ROA 的平均值由 0.011 下降到 0.007,而股票持有超额收益 BHAR 的平均值由 - 0.013 下降到 - 0.077,CFO/TA 的平均值由 0.003 下降到零,说明我国上市公司的并购绩效总体呈显著下降趋势。真实盈余管理和应计盈余管理的平均值分别为 - 0.005 和 - 0.014。关于并购交易特征变量,并购交易规模 Deals 的均值为 0.034,最大值为 1.113,表明并购交易规模普遍较小,平均占公司市值的3%左右。并购支付方式仍以采用现金作为主要支付手段,股份支付仅占8%。关联交易并购占到了将近一半的比例。

表 6 - 1　　　　　　　　　　变量的描述性统计

Variable	Obs	Mean	Std. Dev.	Min	Max
ROA_{t1}	2166	0.0105	0.0749	- 0.1857	0.2013
ROA_{t2}	2166	0.0077	0.0704	- 0.1662	0.1861
ROA_{t3}	2166	0.0071	0.0731	- 0.1627	0.1809
CFO/TA_{t1}	2166	0.0030	0.1096	- 0.271	0.2962
CFO/TA_{t2}	2166	0.0001	0.1037	- 0.278	0.2405

续表

Variable	Obs	Mean	Std. Dev.	Min	Max
CFO/TA_{t3}	2166	-0.0001	0.1023	-0.2461	0.2219
$BHAR_{t1}$	2068	-0.0133	0.3349	-0.6351	1.0392
$BHAR_{t2}$	2068	-0.0292	0.4775	-0.9747	1.3562
$BHAR_{t3}$	2068	-0.0773	0.5185	-1.0020	1.3555
$EBITDA/TA_{t1}$	2166	0.1037	0.0696	-0.1020	0.3490
$EBITDA/TA_{t2}$	2166	0.1012	0.0655	-0.0987	0.3740
$EBITDA/TA_{t3}$	2166	0.0977	0.0757	-0.0948	0.5350
AM	2166	-0.0135	0.1344	-0.8559	0.5997
RM	2166	-0.0047	0.1328	-0.6663	0.7634
Deals	2136	0.0341	0.1207	0	1.1132
Pay	2166	0.0799	0.2712	0	1
Relate	1560	0.4833	0.4998	0	1
Soe	2166	0.5185	0.4998	0	1
TobinQ	2136	1.9964	1.223	0.8668	8.4413
Lev	2166	0.5025	0.2043	0.0075	0.9934
Mgsh	2166	0.0289	0.1031	0	0.6540
Sgrow	2163	0.2934	0.9413	-0.3342	10.3774
IndD	2148	0.3636	0.0529	0.0909	0.8
Size	2166	9.5091	0.5683	6.8250	12.1616
PAI_2	2104	0.5304	0.4991	0	1
$PAIt_3$	2111	0.5746	0.4945	0	1

　　表6-2报告了回归模型中自变量之间的相关性，部分自变量之间相关关系显著。其中，AM和RM显著正相关，说明收购公司会同时采用应计和真实两种不同的盈余管理方式调整盈余。Relate与RM显著正相关，说明当并购交易存在关联关系时，真实盈余管理程度较高。而管理层持股比例越低，真实盈余管理程度越高。同时，观察发现各自变量之间的相关系数绝对值均未超过0.4，说明回归模型当中发生多重共线性的可能性较低。

表 6 - 2 自变量相关系数矩阵

	AM	RM	Deals	Payment	Relate	SOE	TobinQ	LEV	Mgsh	Sgrow	IndD	Size
RM	0.18[a]											
Deals	0.03	0.02										
Payment	0.03	0.01	0.40[c]									
Relate	0.02	0.01[a]	0.11[c]	0.21[a]								
SOE	0.01	0.06[a]	0	−0.01	0.15[a]							
TobinQ	−0.03	−0.18[a]	0.13[c]	0.14[a]	−0.07[a]	−0.13[a]						
LEV	0.01	0.27[a]	0.02	0.07[a]	0.11[a]	0.21[a]	−0.27[a]					
Mgsh	−0.01	−0.06[a]	−0.02	−0.06[a]	−0.21[a]	−0.28[a]	0.02	−0.30[a]				
Sgrow	0.04[b]	0.02	0.01	−0.01	−0.03	−0.03	−0.01	0.05[b]	−0.01			
IndD	0.00	0.02	0	0.01	0.01	−0.03	0.01	0.01	0.06[a]	−0.01		
Size	−0.02	0.03[c]	−0.14[c]	−0.11[a]	0.16[a]	0.31[a]	−0.38[a]	0.32[a]	−0.17[a]	−0.03	0.05[a]	
PAI	0.01	0.03	0.01	0.03	0.01	−0.05[b]	−0.02	0.03[b]	0.03	−0.02	−0.07[a]	0.04[b]

注：a、b、c 分别表示在 1%、5% 和 10% 的水平上统计显著；由于仅保留小数点后两位数字，部分数值以 "0.00" 的形式呈现。

二 不同盈余管理方式与并购绩效的回归结果

表 6 - 3 展示了因变量为 BHAR 时，应计和真实盈余管理方式对并购绩效影响的回归结果。结果显示，应计盈余管理与并购交易完成后 1—3 年长期超额收益的相关系数在统计上并不显著，说明应计盈余管理对股票的长期市场反应并未产生显著影响。但是真实盈余管理与并购后 1—3 年长期超额收益的相关系数分别为 −0.112、−0.187 和 −0.216，均在 1% 的统计水平上显著，表明真实盈余管理对长期超额收益产生了较严重的负面影响，假设 6 - 2 得到证实。控制变量方面，收购公司规模 Size 与 BHAR 显著负相关，与 Moeller 等（2004）发现的收购公司 "规模效应" 相一致。

表6－3　应计和真实盈余管理对长期超额收益（BHAR）的影响

Variable	BHAR		
	N_{1-0}（1）	N_{2-0}（2）	N_{3-0}（3）
AM	0.0399	−0.0340	−0.0934
	(0.87)	(−0.48)	(−1.09)
RM	−0.1119***	−0.1865***	−0.2162***
	(−2.66)	(−2.66)	(−2.81)
Deals	0.1243	−0.0331	−0.0770
	(1.29)	(−0.40)	(−1.39)
Payment	−0.0290	−0.0798	−0.0036
	(−0.78)	(−1.39)	(−0.06)
Relate	0.0356**	0.0763**	0.0306
	(2.00)	(2.55)	(1.03)
SOE	−0.0285	−0.0634**	−0.0543*
	(−1.48)	(−2.04)	(−1.76)
TobinQ	−0.0320***	−0.0519***	−0.0519**
	(−2.95)	(−3.06)	(−2.92)
LEV	0.2432***	0.2037**	0.1823*
	(4.26)	(2.04)	(1.88)
Mgsh	0.0303	−0.0375	0.1504
	(0.50)	(−0.34)	(0.98)
Sgrow	−0.0004***	−0.0008***	−0.0007***
	(−5.31)	(−8.14)	(−7.61)
IndD	0.0166	0.1607	0.0529
	(0.12)	(0.64)	(0.21)
Size	−0.2862***	−0.2914***	−0.2168**
	(−5.81)	(−3.75)	(−2.72)
_cons	0.7572***	1.327***	1.197***
	(3.94)	(4.13)	(3.59)
industury	yes	yes	yes
year	yes	yes	yes
Obs	1522	1522	1522
R−squared	0.3806	0.5893	0.5076

注：***表示在1%水平上显著，**表示在5%水平上显著，*表示在10%水平上显著。

将 CFO/TA 和 ROA 分别作为并购绩效的代理变量时，两种不同的盈余管理方式对并购绩效的回归结果如表 6 – 4 所示。

表 6 – 4   应计和真实盈余管理方式对 CFO/TA 和 ROA 的影响

Variable	CFO/TA			ROA		
	N_{1-0} (1)	N_{2-0} (2)	N_{3-0} (3)	N_{1-0} (1)	N_{2-0} (1)	N_{3-0} (1)
AM	– 0. 0298	– 0. 0074	– 0. 0358	– 0. 0215 **	– 0. 0207 **	– 0. 0098
	(– 0. 92)	(– 0. 21)	(– 0. 87)	(– 1. 79)	(– 1. 95)	(– 1. 17)
RM	– 0. 1247 **	– 0. 1253 ***	– 0. 0453 ***	– 0. 0814 ***	– 0. 0593 ***	– 0. 0517 ***
	(– 2. 54)	(– 5. 88)	(– 2. 81)	(– 6. 62)	(– 6. 59)	(– 6. 02)
Deals	– 0. 0010 ***	0. 0032 ***	– 0. 0007 ***	0. 0008 ***	– 0. 0009 ***	0. 0008 ***
	(– 4. 34)	(5. 21)	(– 4. 92)	(7. 67)	(– 12. 04)	(13. 41)
Payment	0. 0169	– 0. 0551	0. 0322	0. 0198 **	0. 0051	0. 0084 *
	(1. 21)	(– 0. 99)	(0. 01)	(2. 98)	(0. 95)	(1. 76)
Relate	0. 0098	0. 0276	– 0. 0027	– 0. 0046	0. 0006	– 0. 0014
	(1. 03)	(1. 16)	(– 0. 29)	(– 1. 50)	(0. 25)	(– 0. 57)
SOE	– 0. 0068	– 0. 0257 *	– 0. 0079	– 0. 0004	– 0. 0041	– 0. 0040
	(– 0. 71)	(– 1. 64)	(– 0. 95)	(– 0. 13)	(– 1. 43)	(– 1. 47)
TobinQ	0. 0056	– 0. 0156 **	– 0. 0069	0. 0041 **	0. 0030 **	0. 0015
	(0. 81)	(– 1. 99)	(– 1. 51)	(1. 71)	(1. 64)	(0. 87)
LEV	– 0. 0094	– 0. 0256	– 0. 0438	– 0. 0588 ***	– 0. 0293 ***	– 0. 0246 ***
	(– 0. 37)	(– 1. 18)	(– 1. 51)	(– 5. 60)	(– 3. 11)	(– 2. 91)
Mgsh	– 0. 0096	– 0. 0317	0. 0048	0. 0051	0. 0071	– 0. 0082
	(– 0. 42)	(– 1. 16)	(0. 24)	(0. 50)	(0. 79)	(– 1. 07)
Sgrow	– 0. 0001 *	– 0. 0002 **	– 0. 0001	0. 0001 ***	0. 0001 ***	– 0. 0001 ***
	(– 1. 88)	(– 2. 44)	(– 0. 89)	(4. 42)	(7. 39)	(– 8. 93)
IndD	– 0. 0094	– 0. 1681	0. 0527	– 0. 0234	– 0. 0444 **	– 0. 0008
	(– 0. 12)	(– 1. 12)	(0. 77)	(– 0. 92)	(– 2. 01)	(– 0. 04)
Size	– 0. 0225	– 0. 1230 **	– 0. 0225	– 0. 0194 **	– 0. 0201 **	– 0. 0044
	(– 0. 69)	(– 2. 39)	(– 0. 93)	(– 2. 24)	(– 2. 73)	(– 0. 71)
_ cons	– 0. 0033	0. 3490	– 0. 0412	– 0. 1099 ***	– 0. 0244	– 0. 0695 ***
	(– 0. 03)	(1. 09)	(– 0. 43)	(– 2. 84)	(– 0. 73)	(– 2. 27)

续表

Variable	CFO/TA			ROA		
	N_{1-0}（1）	N_{2-0}（2）	N_{3-0}（3）	N_{1-0}（1）	N_{2-0}（1）	N_{3-0}（1）
industury	yes	yes	yes	yes	yes	yes
year	yes	yes	yes	yes	yes	yes
Obs	1562	1562	1562	1522	1522	1522
R – squared	0.1889	0.3925	0.2161	0.0695	0.0609	0.0557

注：＊＊＊表示在1%水平上显著，＊＊表示在5%水平上显著，＊表示在10%水平上显著。

当以 CFO/TA 为因变量时，在并购后 1—3 年，应计盈余管理的系数虽然为负数，但是在统计上并不显著，经验证据支持了应计盈余管理不会导致现金流改变的观点（Dechow and Skinner，2000）。而真实盈余管理的相关系数分别为 - 0.125、- 0.125 和 - 0.045，且均在1% 的水平上统计显著，与假设 6 - 2 预期一致，经验证据支持了真实盈余管理会导致现金流的改变，对未来经营业绩产生负面影响的观点（Roychowdhury，2006；Cohen，2008；Zang，2012）。以 ROA 作为因变量时，应计盈余管理在并购后第 1 年、第 2 年的回归系数分别为 - 0.022、- 0.021，均在统计上显著，与假设 6 - 1 一致；真实盈余管理与并购后 1—3 年 ROA 的相关系数分别为 - 0.081、- 0.059 和 - 0.049，呈逐年下降的趋势，但都在 1% 的水平上统计显著，与假设 6 - 2 一致。说明收购公司并购前进行的两种向上的盈余管理都会导致并购后业绩的下滑。同时，对应计和真实盈余管理回归系数之间的差异性进行了 F 检验，各年的 F 值分别为 10.34、7.11 和 2.46，分别在 1% 、1% 和 10% 的水平上显著，证实了假设 6 - 3，即真实活动盈余管理对并购绩效的负面影响更大。

三　并购能力、不同盈余管理方式与并购绩效

为了考察并购能力在盈余管理与并购绩效的关系中能否发挥抑制作用，本书将样本依据并购能力的大小进行了分组，高于同行业并购样本中位数的为并购能力高组，低于中位数的为并购能力低组。首

先，考察并购能力高低两组中，不同盈余管理方式对长期市场反应的影响，即因变量为 BHAR 时的回归结果。如表 6 – 5 所示，在并购能力高组，应计盈余管理和真实盈余管理并未对长期超常收益产生实质性负面影响；而在并购能力低组，真实盈余管理对并购绩效的负面影响在并购后第 1 年和第 2 年都非常显著，分别为 – 0.159 和 – 0.238，第 3 年不再具有统计上的显著性，表明并购能力能够显著抑制盈余管理对并购绩效的负面影响，特别是在并购后的中长期，假设 6 – 4 得到证实。

表 6 – 5　　　　　应计和真实盈余管理方式对并购绩效
（BHAR）的影响（并购能力高组—低组）

Variable	BHAR 并购能力高组			BHAR 并购能力低组		
	N_{1-0}（1）	N_{2-0}（2）	N_{3-0}（3）	N_{1-0}（1）	N_{2-0}（1）	N_{3-0}（1）
AM	0.0112	– 0.1077	– 0.1370	0.0297	0.0149	– 0.0857
	(0.21)	(– 1.43)	(– 1.09)	(0.39)	(0.17)	(– 0.51)
RM	– 0.0411	– 0.1047	– 0.2175	– 0.1594 ***	– 0.2382 ***	– 0.2441
	(– 0.70)	(– 1.19)	(– 1.54)	(– 2.50)	(– 2.74)	(– 1.36)
Deals	0.1808 *	0.0433	– 0.2023	– 0.0415 *	– 0.2366 **	– 0.1233
	(1.78)	(0.19)	(– 0.91)	(– 1.69)	(– 1.88)	(– 1.47)
Payment	– 0.0122	– 0.1376 ***	– 0.1483	– 0.0395	0.0552	0.0578
	(– 0.24)	(– 2.64)	(– 1.60)	(– 0.74)	(0.55)	(0.49)
Relate	0.0029	0.0125	0.1046 *	0.0681 **	0.1131 **	0.0679
	(0.13)	(0.74)	(1.88)	(2.28)	(2.56)	(0.94)
SOE	– 0.0093	– 0.0517	– 0.0522	– 0.0336	– 0.0414	– 0.0702
	(– 0.41)	(– 1.59)	(– 0.96)	(– 1.15)	(– 1.10)	(– 1.08)
TobinQ	– 0.0055	– 0.0151	– 0.0610 *	– 0.0468 ***	– 0.0545 ***	– 0.0587 **
	(– 0.35)	(– 0.68)	(– 1.84)	(– 3.04)	(– 2.84)	(– 1.80)
LEV	0.2143 ***	0.2157 **	0.3537 **	0.2365 **	0.0785	0.2198
	(2.97)	(2.32)	(2.09)	(2.79)	(0.65)	(1.15)
Mgsh	0.0905	0.0383	0.1480	0.0350	– 0.0450	0.1168
	(1.38)	(0.33)	(0.68)	(0.28)	(– 0.33)	(0.42)

续表

Variable	BHAR 并购能力高组			BHAR 并购能力低组		
	N_{1-0} (1)	N_{2-0} (2)	N_{3-0} (3)	N_{1-0} (1)	N_{2-0} (1)	N_{3-0} (1)
Sgrow	-0.0003***	-0.0008***	-0.0008***	-0.0108	-0.0070	-0.0153
	(-4.03)	(-9.45)	(-6.44)	(-1.55)	(-0.65)	(-1.40)
IndD	0.0624	0.1480	0.1034	0.1164	0.2778	0.6308
	(0.35)	(0.53)	(0.24)	(0.48)	(0.79)	(1.18)
Size	-0.2148***	-0.2636***	-0.4031***	-0.3693***	-0.2786***	-0.3828***
	(-3.55)	(-3.30)	(-2.76)	(-5.62)	(-3.56)	(-3.03)
_cons	0.4692**	0.9368***	1.665***	1.321***	1.656***	2.594***
	(1.97)	(2.91)	(3.23)	(4.74)	(3.91)	(3.47)
industury	yes	yes	yes	yes	yes	yes
year	yes	yes	yes	yes	yes	yes
Obs	792	792	792	688	688	688
R-squared	0.3541	0.4664	0.6880	0.4103	0.1907	0.4305

注：***表示在1%水平上显著，**表示在5%水平上显著，*表示在10%水平上显著。

其次，考察并购能力高低组中，两种不同盈余管理方式对并购后财务业绩的影响，表6-6报告了因变量为CFO/TA的回归结果。

表6-6　　应计和真实盈余管理方式对并购绩效（CFO/TA）的影响（并购能力高组—低组）

Variable	CFO/TA 并购能力高组			CFO/TA 并购能力低组		
	N_{1-0} (1)	N_{2-0} (2)	N_{3-0} (3)	N_{1-0} (1)	N_{2-0} (1)	N_{3-0} (1)
AM	-0.0483	-0.0359	0.0077	0.0141	0.0162	-0.0824
	(-0.88)	(-1.01)	(0.24)	(0.36)	(0.27)	(-0.98)
RM	-0.1463**	-0.0413	-0.0306	-0.2079***	-0.1261***	-0.0723**
	(-4.28)	(-1.30)	(-1.43)	(-7.70)	(-3.09)	(-2.28)
Deals	-0.0004	0.0003	-0.0009***	0.0113	0.0312	-0.0233**
	(-0.68)	(0.11)	(-2.74)	(0.63)	(0.67)	(-1.77)

续表

Variable	CFO/TA 并购能力高组			CFO/TA 并购能力低组		
	N_{1-0} (1)	N_{2-0} (2)	N_{3-0} (3)	N_{1-0} (1)	N_{2-0} (1)	N_{3-0} (1)
Payment	0.0140	-0.0551	0.0313**	-0.0005	-0.1067	0.0250*
	(0.69)	(-0.73)	(1.95)	(-0.03)	(-0.78)	(1.68)
Relate	0.0184	0.0023	-0.0109	0.0045	0.0417	0.0109
	(1.38)	(0.13)	(-0.86)	(0.32)	(0.91)	(0.77)
SOE	-0.0153	0.0237	-0.0039	0.0038	-0.0561**	-0.0122
	(-1.28)	(1.39)	(-0.26)	(0.23)	(-2.31)	(-1.06)
TobinQ	-0.0010	-0.0080	0.0003	0.0123	-0.0350**	-0.0184**
	(-0.11)	(-1.08)	(0.06)	(1.06)	(-2.05)	(-1.93)
LEV	-0.0260	-0.0664**	-0.0756*	0.0252	-0.0184	-0.0053
	(-0.64)	(-2.44)	(-1.69)	(0.75)	(-0.43)	(-0.15)
Mgsh	-0.0356	-0.0601*	0.0108	0.0348	-0.0505	-0.0162
	(-1.15)	(-1.81)	(0.53)	(1.01)	(-0.92)	(-0.45)
Sgrow	-0.0017	0.0089	0.0007	-0.0015	-0.0091	0.0104
	(-0.83)	(0.84)	(0.70)	(-0.93)	(-1.09)	(0.90)
IndD	-0.0833	-0.0432	0.0316	0.0664	-0.2217	0.0942
	(-0.70)	(-0.36)	(0.45)	(0.73)	(-0.76)	(0.81)
Size	-0.0230	-0.0445**	-0.0103	-0.0152	-0.3045	-0.0596
	(-0.64)	(-1.66)	(-0.42)	(-0.26)	(-2.47)	(-1.59)
_cons	0.0368	-0.2990	-0.1036	-0.0821	1.388	0.0894
	(0.30)	(-1.18)	(-1.16)	(-0.41)	(2.12)	(0.52)
industury	yes	yes	yes	yes	yes	yes
year	yes	yes	yes	yes	yes	yes
Obs	792	792	792	688	688	688
R-squared	0.1887	0.2224	0.2161	0.1897	0.1907	0.2472

注：***表示在1%水平上显著，**表示在5%水平上显著，*表示在10%水平上显著。

如表6-6所示，无论在并购能力高组还是在并购能力低组，应计盈余管理的系数在统计上均不显著，说明应计盈余管理对现金流量确实不产生影响。在并购能力低组，真实盈余管理的系数在并购后1—3年逐渐降低，分别为 - 0.208、- 0.126 和 - 0.072，且分别在1%、1% 和 5% 的水平上统计显著。而在并购能力高组，真实盈余管理的系数仅在并购后第 1 年在 5% 的水平上统计显著，系数为 - 0.146，在并购后第 2 年和第 3 年，系数虽然为负，但不再具有统计上的显著性。说明并购能力越高，在真实盈余管理与并购绩效的负面影响中起到的抑制作用越大，真实盈余管理对并购绩效的负面影响时间越短，越不会对并购的长期绩效造成实质性损害，假设 6 - 4 得到证实。

表 6 - 7 报告了因变量为 ROA 时的回归结果。如表 6 - 7 所示，在并购能力低组，应计盈余管理对并购绩效（ROA）的系数在并购后第1—2 年均为 - 0.024，在 1% 水平上统计显著，在并购后第 3 年，系数为 - 0.014，不再具有统计显著性。真实盈余管理的系数在并购后1—3 年分别为 - 0.095、- 0.058 和 - 0.086，均在 1% 的水平上显著。而在并购能力高组，应计盈余管理的系数在并购第 1 年为 - 0.034，在 1% 水平上统计显著，在并购后第 2 年和第 3 年，统计上不再显著。真实盈余管理对并购绩效（ROA）的系数也是仅在并购后第 1 年统计显著，系数为 - 0.129，在 1% 的水平上统计显著，而在并购后第 2 年和第 3 年，系数虽然为负，统计却不显著。说明并购能力越高，越能减弱盈余管理对并购绩效负面影响，假设 6 - 4 进一步得到证实。

表 6 - 7　　　　　　应计和真实盈余管理方式对并购绩效
（ROA）的影响（并购能力高组—低组）

Variable	ROA（并购能力高组）			ROA（并购能力低组）		
	N_{1-0} (1)	N_{2-0} (2)	N_{3-0} (3)	N_{1-0} (1)	N_{2-0} (1)	N_{3-0} (1)
AM	- 0.0343 ***	- 0.0174	- 0.0033	- 0.0236 ***	- 0.0236 ***	- 0.0137
	(- 2.64)	(- 1.60)	(- 0.34)	(- 2.07)	(- 2.07)	(- 1.52)
RM	- 0.1294 ***	- 0.0279	- 0.0211	- 0.0952 ***	- 0.0578 ***	- 0.0860 ***
	(- 4.51)	(- 1.10)	(- 0.89)	(- 3.84)	(- 2.87)	(- 4.85)
Deals	0.0013 ***	- 0.0011 **	0.0008 ***	0.0224 **	0.0132	0.0033
	(5.62)	(- 2.57)	(5.57)	(1.84)	(1.42)	(0.65)

续表

Variable	ROA（并购能力高组）			ROA（并购能力低组）		
	N_{1-0} (1)	N_{2-0} (2)	N_{3-0} (3)	N_{1-0} (1)	N_{2-0} (1)	N_{3-0} (1)
Payment	0.0182**	0.0104	0.0063**	0.0097	-0.0146**	0.0066
	(1.98)	(1.50)	(0.89)	(0.94)	(-1.91)	(1.00)
Relate	-0.0078**	-0.0072**	-0.0042	-0.0001	0.0100**	0.0006
	(-1.81)	(-1.98)	(-1.21)	(-0.01)	(2.38)	(0.18)
SOE	0.0022	0.0006	0.0002	-0.0044	-0.0090**	-0.0092**
	(0.47)	(0.17)	(0.06)	(-0.92)	(-2.04)	(-2.25)
TobinQ	0.0037	0.0043**	0.0054**	0.0069**	0.0040	-0.0015
	(1.02)	(1.70)	(2.12)	(2.34)	(1.40)	(-0.53)
LEV	-0.0809***	-0.0428***	-0.0453***	-0.0504	-0.0225**	-0.0096
	(-5.52)	(-3.20)	(-3.49)	(-3.33)	(-1.69)	(-0.85)
Mgsh	-0.0048	0.0019	-0.0029	0.0340**	0.0176	-0.0143
	(-0.36)	(0.16)	(-0.31)	(2.04)	(1.15)	(-1.00)
Sgrow	-0.0013**	0.0006	-0.0001	0.0011	-0.0017**	0.0006
	(-1.72)	(0.45)	(-0.04)	(1.11)	(-2.86)	(0.51)
IndD	-0.0378	-0.0445	-0.0148	-0.0428	-0.0440	-0.0020
	(-1.04)	(-1.50)	(-0.53)	(-1.15)	(-1.29)	(-0.07)
Size	-0.0106	-0.0154*	0.0080	-0.0240**	-0.0319**	-0.0210**
	(-0.85)	(-1.65)	(0.87)	(-1.91)	(-2.92)	(-1.92)
_cons	-0.1510	-0.2990	-0.1055	-0.1269	0.0318	-0.0443
	(-2.73)	(-2.62)	(-2.68)	(-2.34)	(0.62)	(-0.99)
industury	yes	yes	yes	yes	yes	yes
year	yes	yes	yes	yes	yes	yes
Obs	792	792	792	688	688	688
R-squared	0.1887	0.0596	0.0556	0.0680	0.1907	0.0554

注：***表示在1%水平上显著，**表示在5%水平上显著，*表示在10%水平上显著。

第五节　稳健性检验

为确保假设 6 - 1 至假设 6 - 3 研究结论的可靠性，除了采用 BHAR、CFO/TA 与 ROA 指标之外，本书额外选用了扣除折旧与摊销后的营业利润/平均总资产（EBITDA/TA）作为并购绩效的代理变量。同时，采取与之前相同的筛选程序，选取同行业同年度没有进行并购的，资产总额最为接近的上市公司作为控制样本，比较样本与配对样本相对应的该指标在并购后 1—3 年各年的差异，计算出经行业调整的 ΔEBITDA/TA，作为因变量代入模型重新进行回归，回归结果仍支持上述研究结论（见表 6 - 8）。其中，应计盈余管理的回归系数在并购后 1—3 年分别为 - 0. 027、- 0. 027 和 - 0. 037，分别在 1%、1% 和 10% 的水平上统计显著；真实盈余管理的回归系数在并购后 1—3 年分别为 - 0. 132、- 0. 104 和 - 0. 069，均在 1% 的水平上统计显著，假设 6 - 1 和假设 6 - 2 进一步得到支持。更进一步地，通过对应计和真实盈余管理回归系数差异性的 F 检验发现，后者的绝对值显著大于前者，表明真实盈余管理方式对并购绩效的负面影响比应计盈余管理方式更严重，假设 6 - 3 进一步得到支持。

为确保假设 6 - 4 研究结论的可靠性，将 ΔEBITDA/TA 作为并购绩效的代理变量，采用模型（6 - 5）分别对并购能力高组和低组进行分组回归。回归结果表明（见表 6 - 9），在并购能力较高的样本组中，应计和真实盈余管理对并购绩效的负面影响受到明显抑制，特别是在并购后的第 2 年、第 3 年，其负面效应不再显著；而对于并购能力较低的收购公司，其并购前两种盈余管理程度与并购后的绩效仍呈现负相关关系，特别是真实盈余管理的系数分别为 - 0. 13、- 0. 13 和 - 0. 09，分别在 1%、1% 和 5% 的水平上统计显著，表明对于并购能力低的公司，真实盈余管理仍对并购绩效产生长期的负面影响。同时，这说明并购能力的抑制作用不是"一蹴而就"的，而是随着并购后整合加深而逐步发挥作用，逐渐消除盈余管理对并购后业绩的负面影响，假设 6 - 4 进一步得到支持。

表 6 - 8   应计和真实盈余管理方式对 EBITDA/TA 的影响

Variable	EBITDA/TA		
	N_{1-0} (1)	N_{2-0} (1)	N_{3-0} (1)
AM	- 0. 0274 **	- 0. 0274 ***	- 0. 0377 *
	(- 2. 91)	(- 3. 12)	(- 1. 74)
RM	- 0. 1315 ***	- 0. 1042 ***	- 0. 0696 ***
	(- 6. 62)	(- 5. 30)	(- 4. 86)
Deals	0. 0007 ***	0. 0010 **	0. 0012 ***
	(5. 42)	(1. 91)	(6. 54)
Payment	0. 0246 ***	- 0. 0380	0. 0328 **
	(3. 08)	(- 0. 80)	(2. 29)
Relate	- 0. 0034	0. 0244	- 0. 0064
	(- 0. 98)	(1. 20)	(- 0. 72)
SOE	0. 0008	- 0. 0172	0. 0007
	(0. 22)	(- 1. 25)	(0. 10)
TobinQ	0. 0024	- 0. 0041	- 0. 0061
	(0. 90)	(- 0. 57)	(- 1. 40)
LEV	- 0. 0159	- 0. 0220	0. 0173 ***
	(- 1. 32)	(- 1. 00)	(0. 55)
Mgsh	0. 0037	- 0. 0059	- 0. 0143
	(0. 32)	(- 0. 27)	(- 0. 66)
Sgrow	0. 0001	0. 0001	- 0. 0001 ***
	(- 0. 55)	(0. 94)	(- 2. 05)
IndD	- 0. 0410	- 0. 2196 **	0. 0307
	(- 1. 35)	(- 1. 75)	(0. 46)
Size	- 0. 0322 ***	- 0. 0872 **	- 0. 0279
	(- 3. 14)	(- 2. 04)	(- 1. 12)
_ cons	- 0. 0708	0. 2093	- 0. 0948
	(- 1. 59)	(0. 74)	(- 0. 79)
industury	yes	yes	yes
year	yes	yes	yes
Obs	1522	1522	1522
R - squared	0. 2163	0. 3419	0. 1821

注：*** 表示在 1% 水平上显著，** 表示在 5% 水平上显著，* 表示在 10% 水平上显著。

表 6 – 9 应计和真实盈余管理方式与 EBITDA/TA 的
影响（并购能力高组—低组）

Variable	EBITDA/TA 并购能力高组			EBITDA/TA 并购能力低组		
	N_{1-0} (1)	N_{2-0} (2)	N_{3-0} (3)	N_{1-0} (1)	N_{2-0} (1)	N_{3-0} (1)
AM	0.0559	– 0.0262	0.0020	– 0.0030	– 0.0308	– 0.0233
	(1.21)	(– 1.19)	(0.08)	(– 0.07)	(– 0.28)	(– 0.30)
RM	– 0.3567 **	– 0.0292	– 0.0490	– 0.1256 ***	– 0.1256 ***	– 0.0903 **
	(– 2.18)	(0.54)	(– 1.14)	(– 5.11)	(– 3.03)	(– 3.31)
Deals	0.0029 ***	– 0.0015	0.0015 ***	0.0404 **	0.0459	0.0030
	(3.13)	(– 0.75)	(4.30)	(1.91)	(1.03)	(0.23)
Payment	0.0375	0.0208	0.0313 *	0.0254	– 0.1196	0.0325
	(1.19)	(1.26)	(1.64)	(1.48)	(– 1.03)	(1.40)
Relate	– 0.0152	– 0.0125	– 0.0185	0.0002	0.0556	0.0083
	(– 0.89)	(– 0.71)	(– 1.55)	(0.02)	(1.43)	(0.54)
SOE	– 0.0170	0.0270	0.0066	0.0299	– 0.0471 **	– 0.0023
	(– 1.28)	(1.51)	(0.55)	(1.46)	(– 2.29)	(– 0.18)
TobinQ	0.0073	0.0086	0.0050	– 0.0060	– 0.0219	– 0.0207 **
	(0.76)	(0.90)	(1.22)	(– 0.58)	(– 1.47)	(– 2.19)
LEV	– 0.0519	– 0.0489 *	– 0.0170	0.0179	– 0.0198	0.0608
	(– 1.52)	(– 1.66)	(– 0.63)	(0.45)	(– 0.54)	(1.04)
Mgsh	– 0.0125	– 0.0168	– 0.0187	0.0610	– 0.0480	– 0.0192
	(– 0.44)	(– 0.56)	(– 1.00)	(1.55)	(– 1.00)	(– 0.41)
Sgrow	– 0.0020	0.0075	– 0.0007	0.0001	– 0.0094	0.0075
	(– 1.20)	(1.00)	(– 0.77)	(0.13)	(– 1.31)	(0.90)
IndD	– 0.0193	– 0.1113	0.0119	0.0161	– 0.2502	0.0806
	(– 0.18)	(– 1.10)	(0.19)	(0.17)	(– 0.97)	(0.66)
Size	0.0054	– 0.0153	0.0114	– 0.1194 *	– 0.2351	– 0.1066
	(0.13)	(– 0.65)	(0.60)	(– 1.67)	(– 2.27)	(– 2.29)
_ cons	– 0.1002	– 0.4910	– 0.2590 **	0.2894	1.15	0.1851
	(– 0.56)	(– 1.84)	(– 2.83)	(1.23)	(2.10)	(0.81)
industury	yes	yes	yes	yes	yes	yes
year	yes	yes	yes	yes	yes	yes
Obs	792	792	792	688	688	688
R – squared	0.2313	0.2281	0.1644	0.2029	0.1907	0.2045

注：*** 表示在 1% 水平上显著，** 表示在 5% 水平上显著，* 表示在 10% 水平上显著。

此外，采用引入交叉变量的方法，分别以 ΔBHAR 和 ΔROA 作为并购绩效的代理变量，对模型（6－5）进行回归分析（见表6－10），以考察当收购公司并购能力发生变化时，不同盈余管理方式对并购绩效影响的差异。表6－10 左栏报告了因变量为 BHAR 时的回归结果：可以看出，仅有真实盈余管理 RM 的系数仍持续地显著为负，并且其与并购能力 PAI 的交乘项系数自第2年起显著为正（均在5%的水平上显著），表明收购公司的并购能力确实可以抑制并购前盈余管理对于公司未来业绩造成的负面影响，特别是对于真实活动盈余管理，且是在并购后的整合过程中逐渐发挥作用的。表6－10 右栏报告了因变量为 ROA 时的回归结果，两类盈余管理虽与并购后1—3年 ROA 都为负相关，但仅有真实盈余管理的负面作用是持续显著的；且并购能力 PAI 与 RM 的交乘项系数在第二年开始显著为正，假设6-4 得到进一步的证实。将 EBITDA/TA 作为并购绩效的代理变量代入到模型（6-5）当中，发现并购能力 PAI 与 RM 的交乘项系数在并购后的第3年开始显著为正（未报告），稳健性检验结果不变。此外，本书采用葛伟杰（2015）基于随机前沿分析 SFA 的方法重新计算收购公司的并购能力，并作为代理变量再次进行了分组回归，得到的结果基本保持不变。

表6－10　　　　　加入并购能力后应计和真实盈余
管理方式对并购绩效的影响

Variable	BHAR			ROA		
	N_{1-0} (1)	N_{2-0} (2)	N_{3-0} (3)	N_{1-0} (1)	N_{2-0} (2)	N_{3-0} (3)
AM	0.0118	−0.0287	−0.0479	−0.0403 *	−0.0552 **	−0.0362
	(0.27)	(−0.46)	(−0.79)	(−1.62)	(−2.21)	(−1.29)
RM	−0.2178 **	−0.9315 ***	−0.9337 ***	−0.1288 ***	−0.1399 ***	−0.1276 ***
	(−2.09)	(−4.00)	(−3.77)	(−3.89)	(−4.53)	(−4.24)
Deals	−0.0434	−0.0142	−0.0773	0.0007 ***	−0.0010 ***	0.0006 ***
	(−0.62)	(−0.17)	(−1.25)	(4.32)	(−4.76)	(3.48)
payment	0.0112	−0.0427	0.0090	0.0004	−0.0016	0.0156 *
	(0.29)	(−0.86)	(0.16)	(0.04)	(−0.20)	(1.83)

续表

Variable	BHAR			ROA		
	N_{1-0} (1)	N_{2-0} (2)	N_{3-0} (3)	N_{1-0} (1)	N_{2-0} (2)	N_{3-0} (3)
PAI	-0.0086	-0.0081	-0.0145	-0.0031	-0.0047	-0.0095
	(-0.23)	(-0.15)	(-0.26)	(-0.37)	(-0.60)	(-1.16)
PAI×AM	0.0093	0.1777	-0.1863	0.0363	0.0636*	0.0613
	(0.07)	(1.00)	(-0.86)	(0.67)	(1.62)	(1.11)
PAI×RM	0.1292	1.1469**	1.0636**	0.0833	0.1226**	0.1260**
	(0.57)	(2.56)	(2.17)	(1.17)	(2.06)	(2.17)
Relate	0.0278	0.0361	0.0334	-0.0068*	-0.0020	-0.0051**
	(1.51)	(1.39)	(1.16)	(-1.74)	(0.52)	(1.27)
SOE	-0.0271	-0.0624**	-0.0512*	-0.0056	-0.0065*	-0.0059
	(-1.39)	(-2.20)	(-1.75)	(-1.36)	(-1.65)	(-1.39)
TobinQ	-0.0294***	-0.0517***	-0.0425**	0.0054*	0.0038*	0.0026
	(-2.62)	(-3.31)	(-2.44)	(1.89)	(1.61)	(0.94)
Lev	0.2535***	0.2071**	0.1255	-0.0636***	-0.0284**	-0.0359**
	(4.25)	(2.34)	(1.37)	(-4.57)	(-2.11)	(-2.51)
Mgsh	-0.0277	-0.0598	0.1365	0.0066	0.0249	-0.0149
	(-0.45)	(-0.63)	(0.99)	(0.44)	(1.55)	(-0.78)
Sgrow	0.0018	0.0038	0.0013	0.0019	-0.0020	0.0002
	(0.13)	(0.23)	(0.12)	(0.77)	(-0.57)	(0.07)
IndD	-0.0394	0.0938	0.1608	0.0180	-0.0224	0.0107
	(-0.25)	(0.43)	(0.67)	(0.53)	(-0.71)	(0.31)
Size	-0.2586***	-0.2724***	-0.1642**	-0.0152	-0.0163	-0.0033
	(-5.05)	(-3.75)	(-2.17)	(-1.50)	(-1.58)	(-0.30)
_Cons	0.9475***	1.3655***	1.0305***	-0.1316**	-0.0388	-0.0986**
	(4.51)	(4.66)	(3.22)	(-2.69)	(-0.84)	(-2.01)
Industury	yes	yes	yes	yes	yes	yes
Year	yes	yes	yes	yes	yes	yes
Obs	1440	1440	1440	1482	1482	1482
R-squared	0.3181	0.4536	0.4912	0.0684	0.0653	0.0707

注：***表示系数的 t 检验在 1% 水平上显著，**表示在 5% 水平上显著，*表示在 10% 水平上显著。

第六节　主要研究结论

本章以 2008—2011 年间发动并购的上市公司为研究对象，探究了应计和真实两种不同的盈余管理方式对并购绩效的影响，以及并购能力在盈余管理与并购绩效的关系中所起的作用。研究发现：（1）在未考虑并购能力的影响时，应计和真实两种盈余管理方式都会对并购绩效产生负面影响；但二者的影响程度存在显著差异，后者比前者对并购绩效的负面影响持续时间更长、影响程度更大。研究结论与已有关于两类盈余管理的研究成果一致，即真实盈余管理对未来业绩影响更严重（Cohen et al.，2008；Cohen and Zarowin，2010；蔡春等，2013）。（2）将并购能力作为一重要因素纳入分析后发现，对于并购整合能力较高的收购公司，随着并购交易完成后整合程度的加深，并购前盈余管理对并购后业绩下滑的"贡献"受到了明显的抑制，特别是对于真实盈余管理方式。以上结果表明，并购与资本市场其他重大事件（如 IPO、SEO）不同，并购后的资源整合能力与深度对并购绩效起到了根本性的影响，对于并购能力较高的企业，短期的盈余管理行为对并购交易完成后的长期绩效不会产生实质性的负面影响。也就是说，并购前的盈余管理只是一种短期的财务决策行为，其能否对并购长期绩效造成严重的负面影响取决于收购方的并购能力。因此，投资者在评价我国上市公司的收购绩效时，不应忽略收购方之前的并购经验、财务实力、管理层素质、市场地位等影响其自身并购能力的重要因素（葛伟杰等，2015）。

第七章 研究结论、研究启示及研究不足

第一节 研究结论

完美、有效的资本市场在现实中是不存在的，并购作为资本市场中重要的投资行为，其投资效果必然受到会计信息质量的影响。本书从衡量会计信息质量的一个重要维度——盈余管理，理论联系实际，系统研究了收购公司盈余管理行为是否存在、为何存在、怎样权衡以及产生的影响等问题，得到以下主要研究结论：

（1）既有文献关注控制权转移公司的盈余管理行为，并购审计的对象也是目标公司，似乎收购公司不存在盈余管理的动机。实则不然，作为并购交易的重要一方，收购公司也存在盈余管理激励，且由于所采用并购对价支付方式的不同盈余管理行为也存在显著差异。当以股份方式支付并购对价时，为降低并购溢价，节约并购成本，收购公司存在进行向上盈余管理的激励；当采用现金支付并购对价时，为传递积极信号，提高并购成功概率，存在现金流量管理激励，但其外在表现形式为向下的盈余管理。

（2）收购公司在决定实施盈余管理时，通过比较监督成本的高低及相对收益的多少，理性地将不同的盈余管理方式进行组合，并表现出对应计（真实）盈余管理方式的偏好。在对盈余管理方式进行权衡时，收购公司主要考虑内外部公司治理状况、并购交易特点、企业竞争力及财务等其他相关特征的影响。另外，两种不同的盈余管理方式在实施过程中并不存在固定的孰先孰后的顺序。

（3）盈余管理确实会对收购公司的未来业绩产生负面影响，相对于应计盈余管理方式，真实盈余管理方式的负面影响更严重。但值得注意的是，相对于盈余管理对并购绩效的影响，并购能力，特别是并购交易完成后的并购整合能力才是决定并购绩效的根本，盈余管理能否对公司未来绩效造成严重的损害取决于并购整合能力。

第二节　研究启示及建议

目前，我国经济发展已经进入并购重组的新阶段，对并购中存在以及即将产生的许多财务问题进行研究非常重要。本书从盈余管理的维度研究了并购中的收购公司的会计信息质量问题，得出以下几点启示及建议：

（1）正确认识并购中的盈余管理现象。在企业并购中，收购公司采用股份或支付作为并购对价的支付手段时，都存在盈余管理的动机和行为，但值得注意的是：盈余管理是一把"双刃剑"，具有机会主义和信息驱动的双重性特征，一方面可能存在损害企业未来业绩的消极作用；另一方面，存在向市场传递公司未来发展信息的积极作用。作为现代经济运行中的一种正常经济现象，并购中的盈余管理有其存在的合理性（会计应计制、会计选择权等），完全从根本上消除是不可能也是没有必要的。信息使用者应辩证地认识盈余管理，在确定并购对价、参考会计信息进行投资决策及评价并购绩效时，一定要考虑到盈余管理的影响。

（2）正确认识收购公司盈余管理方式的权衡，监管重点应有侧重。收购公司之所以会在应计与真实盈余管理方式之间进行权衡，是因为特定条件下不同的盈余管理方式所带来利益存在差异。承认盈余管理的合理性并不等于放任自流，对于收购公司盈余管理的监管和治理应有针对性，对存在内控缺陷、大股东以及机构投资者持股比例较高、财务健康状况相对较好、边际税率较高、经营周期较长的收购公司，重点关注其应计项目的变化以及会计方法的选择；对于关联交易并购、非国有公司、市场地位较高的收购公司，对其是否采用真实盈余管理要给予更多的监管。

（3）正确认识盈余管理对并购绩效的负面影响及并购能力的抑制作用。并购有其特殊性，并购交易完成后，公司原有的经营战略将会随着资源重新配置的过程不断调整、优化。收购公司盈余管理的负面影响会随着并购整合能力的提升受到"抑制"。并购是公司外部扩张的重大发展战略，在评价并购绩效时，不能过度夸大盈余管理的负面影响，要充分认识到并购能力的重要作用，尤其是并购后培育的整合能力是抑制盈余管理，决定并购绩效的关键因素。在评价并购是否成功时，更应关注长期业绩而不是短期绩效。

（4）他律与自律相结合，营造诚信的社会氛围是解决盈余管理问题的根本。盈余管理是有成本的，且违背了价值中立性原则，前文研究表明，并购双方都不进行盈余管理才能达到集体利益的最大化，解决盈余管理问题仍任重而道远。谢德仁（2011）提出，市场监管比会计准则对公司盈余管理行为的影响更大。首先，收购公司要主动传递善意合作的信息。通常情况下，相对于目标公司，收购公司是实力较强的一方（虽然现实中也不乏"蛇吞象"的并购案例）。若想解决并购中盈余管理的问题，收购方必须尽早向目标公司表现出诚意和善意，通过可信的承诺，向对方传递善意的合作信息。在双方诚信的基础上，不仅可以有效节约内部成本和外部成本，还能建立长期稳定的合作关系。其次，建立有效的监督惩罚机制，使并购双方逐渐消除进行盈余管理的动机，做出符合集体利益的行为决策，才能实现并购中的"双赢"。为此，要进一步规范我国的控制权市场和经理人市场，提高市场化效率，发挥其惩戒作用；成立独立的并购审计服务中介机构，确保审计师的独立和公正，扩大审计范围，审计的重点应从对目标公司的审计转换成对并购双方同时审计，最大限度地降低并购审计风险；建立资源共享、全国联网的企业信用信息数据库，确保企业信用信息的透明度。最后，培育诚信意识，提高社会资本水平。使作为社会经济体的基本单位认识到诚实守信、公平平等在社会经济生活中的重要作用，是约束盈余管理行为，形成合作机制的关键。LLSV

(1997）将社会资本定义为："一个社会中人们的合作倾向，也就是说，在社会资本比较高的社会里，人们倾向于通过信任与合作来获得社会效率的最大化，而不是互相猜疑、互相算计导致'囚徒困境式'无效率的结果。"Guiso 等（2004）研究发现，社会资本对于法律不健全、执法效率不高的发展中国家起到的约束效果更好。社会资本作为促进中国经济增长的一种重要机制，与法律保护一起形成两种不同的外部约束机制，在对中国上市公司的盈余管理决策中起着相互替代的作用，在我国法律保护较弱的地区，社会资本程度越高，对 IPO 公司盈余管理行为的约束效果越好（潘越等，2010）。社会诚信属于社会资本的概念范畴，中华民族 5000 年来积淀的深厚历史文化，一直强调诚信为先。但近年来，社会诚信一落千丈。作为法律灰色地带的盈余管理行为，仅仅依靠不断修改会计准则和外部监管制度是不能从根本上解决问题的。而社会资本能够降低信息不对称程度，促进人们之间沟通合作。因此，重塑社会资本刻不容缓，培育人们的诚信意识，自觉遵守道德规范，逐步提高企业不规范行为的自我约束力是抑制盈余管理行为的最根本途径。

第三节　研究不足及进一步研究方向

本书尚存在以下研究不足及改进空间：

（1）囿于研究样本数量的限制，未对研究样本做进一步的细分。譬如在对样本按照并购支付方式进行分类之后，再按照收购公司的所有权性质、是否并购交易、并购类型进一步细分样本，会由于样本量过少导致实证研究无效。此外，由于目标公司多为非上市公司，难以获取目标公司的相关数据，因此，本书在研究中未考虑目标公司的特征对收购公司盈余管理的影响。随着注册制的推行、国企改革的不断深入及资本市场不断扩容，未来研究中对并购样本更详细的分类，对并购双方盈余管理进行比较研究可能会得到更有启发性的结论。

（2）本书在对盈余管理计量时，采用的是既有文献中引用最多较为成熟的测度模型，未考察并购商誉、资产处置等具体业务中涉及的盈余管理。由于应计和真实盈余管理方式的计量模型存在显著差异，本书在对二者倾向性进行比较时采用了分数化处理的方法，若再加入其他具体的盈余管理形式，将会使相关实证研究更加困难。未来研究中可以加强对盈余管理计量模型的改进，进一步探讨并购商誉、资产处置、销售操控、生产操控及酌量性费用操控等具体盈余管理形式如何比较的问题，可能对并购实务中的盈余管理提供更为具体的经验证据。

参考文献

［1］ Adjei F. , Cyree K. B. , Walker M. M. , The Determinants and Survival of Reverse Mergers vs IPOs, Journal of Economics and Finance, 2008, 32 (2): 176 - 194.

［2］ Agrawal A. , Jaffe J. F. , Mandelker G. , N. The Post - Merger Performance of Acquiring Firms: A Re - Examination of an Anomaly, Journal of Finance, 1992, 47 (4): 1605 - 1621.

［3］ Aharony J. , Lee C. W. J. , Wong T. J. , Financial Packaging of IPO Firms in China, Journal of Accounting Research, 2000, 38: 103 - 126.

［4］ Aharony J. , Wang J. , Yuan, H. , Tunneling as an Incentive for Earnings Management during the IPO Process in China, Journal of Accounting and Public Policy, 2010, 29 (1): 1 - 26.

［5］ Ali A. , Chen T. Y. , Radhakrishnan S. , Corporate Disclosures by Family Firms, Journal of Accounting and Economics, 2007, 44: 238 - 286.

［6］ Almazan A. , Motta A. D. Titman S. et al. , Financial Structure, Acquisition Opportunities, and Firm Locations, Journal of Finance, 2010, 65 (2): 529 - 563.

［7］ Amiryany N. , Huysman M. , Man A. P. D. et al. , Acquisition Reconfiguration Capability, European Journal of Innovation Management, 2012, 15 (2): 177 - 191.

［8］ Andrade G. , Mitchell M. , Stafford E. , New Evidence and Perspectives on Mergers, Journal of Economic Perspectives, 2001, (15):

103 - 120.

[9] Ang J. S. , Cheng, Y. , Direct Evidence on the Market - Driven Acquisitions Theory, Journal of Financial Research, 2006, 29 (2): 199 - 216.

[10] Asquith P. , Merger Bids, Uncertainty, and Stockholder Returns, Journal of Financial Economics, 1983, 11 (1 - 4): 51 - 83.

[11] Asthana S. , Balsam S. , Krishnan J. , Audit Firm Reputation and Client Stock Price Reactions: Evidence from the Enron Experience, Available at SSRN: http: //ssrn. com/abstract = 320327.

[12] Baber W. R. , kang S. H. , Li, Y. , Modeling Discretionary Accrual Reversal and the Balance Sheet as an Earnings Management Constraint, The Accounting Review, 2011, 86 (4): 1189 - 1212.

[13] Badertscher B. A. , Overvaluation and the Choice of Alternative Earnings Management Mechanisms, The Accounting Review, 2011, 86: 1491 - 1518.

[14] Balakrishnan S. , Koza, M. P. , Information Asymmetry, Adverse Selection and Joint - Ventures: Theory and Evidence, Journal of Economic Behavior and Organization, 1993, 20 (1): 99 - 117.

[15] Barber R. M. , Lyon J. D. , Detecting Long - Run Abnormal Stock Returns: the Empirical Power and Specification of Test Statistics, Journal of Financial Economics, 1997, (43): 341 - 372.

[16] Barker V. L. , Mueller G. C. , CEO Characteristics and Firm R&D Spending, Management Science, 2002, 48 (6): 782 - 801.

[17] Ball R. , Brown P. , An Empirical Evaluation of Accounting Income Numbers, Journal of Accounting Research. 1968, 6 (2): 159 - 178.

[18] Ball R. , Shivakumar L. , How Much New Information is there in Earnings, Journal of Accounting Research, 2008, 46 (5): 975 - 1016.

[19] Balsam S. , Krishnan J. , Yang J. S. , Auditor Industry Specialization and Earnings Quality, Auditing: A Journal of Practice and Theory, 2003, 22 (2): 71 – 97.

[20] Baker M. , Wurgler J. , The Equity Share in New Issues and Aggregate Stock Returns, Journal of Finance, 2000, 55 (5): 2219 – 2257.

[21] Bannert V. , Tschirky H. , Integration Planning for Technology Intensive Acquisitions, R&D Management, 2004, 34 (5): 481 – 494.

[22] Barton J. , Does the Use of Financial Derivatives Affect Earnings Management Decisions? The Accounting Review, 2001, 76 (1): 1 – 26.

[23] Barton J. , Simko P. , The Balance Sheet as an Earnings Management Constraint, The Accounting Review, 2002, 77 (Supplement): 1 – 27.

[24] Bartov E. , Lindahl F. W. , Ricks W. E. , Stock Price Behavior around Announcements of Write – Offs, Review of Accounting Studies, 1998, 3 (4): 327 – 346.

[25] Bartov E. , The Timing of Asset Sales and Earnings Manipulation, The Accounting Review, 1993, 68: 840 – 855.

[26] Baryeh L. , Dadalt P. , Yaari V. , Insider Trading by Directors and Seniors Officers before Seasoned Equity Offerings, Corporate Ownership & Control, 2009, 7 (2): 358 – 366.

[27] Beatty A. , Chamberlain S. , Magliolo J. , Managing Financial Reports of Commercial Banks: the Influence of Taxes Regulatory Capital, and Earnings, Journal of Accounting Research, 1995, 33 (2): 231 – 261.

[28] Beaver W. H. , Clarke R. , Wright W. F. , The Association between Unsystematic Security Returns and the Magnitude of Earnings Forecast Errors, Journal of Accounting Research, 1979: 316 – 340.

[29] Becker C. L. , Defond M. L. , Jiambalvo J. , Subramanyam K. R. , The Effect of Audit Quality on Earnings Management, Contemporary Accounting Research, 1998, 15 (1): 1 –24.

[30] Beneish M. D. , Detecting GAAP Violation: Implications for Assessing Earnings Management among Firms with Extreme Financial Performance, Journal of Accounting & Public Policy, 1997, 16 (97): 271 –309.

[31] Bens D. A. , Nagar V. , Wong M. H. F. , Real Investment Implications of Employee Stock Option Exercises, Journal of Accounting Research, 2002, 40 (2): 359 –393.

[32] Bens D. , Nagar V. , Skinner D. J. , Wong M. H. F. , Employee Stock Options, EPS Dilution and Stock Repurchases, Journal of Accounting and Economics, 2003, 36, 51 –90.

[33] Bergstresser D. , Philippon T. , CEO Incentives and Earnings Management, Journal of Financial Economics, 2006, (80): 511 – 529.

[34] Bernard V. L. , Thomas J. K. , Evidence that Stock Prices do not Fully Reflect the Implications of Current Earnings for Future Earnings, Journal of Accounting and Economics, 1990 (13): 305 –340.

[35] Bishop M. L. , Eccher E. A. , Bishop M. L. , Eccher E. A. , Do Markets Remember Accounting Changes? An Examination of Subsequent Years. 2000. SSRN. com/abstract =218448.

[36] Botsari A. , Meeks G. , Do Acquirers Manage Earnings Prior to a Share for Share Bid?, Journal of Business Finance & Accounting, 2008, 35 (5 –6): 633 –670.

[37] Bowen R. , Davis A. K. , Rajgopal S. , Determinants of Revenue Reporting Practices for Internet Firms, Contemporary Accounting Research, 2002, 19 (4): 523 –562.

[38] Boynton C. E, Plesko G. A. , Earnings Management and the Corpo-

rate Alternative Minimum Tax ［J］. Journal of Accounting Research,
1992, 30 (1): 131 - 153.

［39］ Bradbury Michael E. , Mak Y. T. , Tan S. M. , Board Characteristics,
Audit Committee Characteristics and Abnormal Accruals, Pacific Ac-
counting Review, 2006, 18 (2): 47 - 68.

［40］ Bradshaw M. T. , Richardson S. A. , Sloan R. G. , Do Analysts
and Auditors Use Information in Accruals?, Journal of Accounting
Research, 2001, 39 (1): 45 - 74.

［41］ Bruner R. F. , Does M&A pay? A Survey of Evidence for the Deci-
sion - maker, Journal of Applied Finance, 2002, 12 (1): 48 -
68.

［42］ Burgstahler D. , Jiambalvo J. , Shevlin T. , Do Stock Prices Fully Reflect
the Implications of Special Items for Future Earnings?, Journal of Ac-
counting Research, 2002, 40 (3): 585 - 612.

［43］ Burgstahler D. , Dichev I. , Earnings Management to Avoid Earnings
Decreases and Losses, Journal of Accounting and Economics, 2005,
24 (1): 99 - 126.

［44］ Bushee B. , The Influence of Institutional Investors on Myopic R&D
Investment Behavior, The Accounting Review, 1998, 73 (3):
305 - 333.

［45］ Bushman R. , Piotroski J. , Smith A. , What Determines Corporate
Transparency? Journal of Accounting Research, Journal of Account-
ing Research, 2004, 42 (2): 207 - 252.

［46］ Chan K. C. , Farrell B. R. , Lee P. , Earnings Management of
Firms Reporting Material Internal Control Weaknesses under Section
404 of the Sarbanes - Oxley Act, Auditing, A Journal of Practice &
Theory, 2008, 27 (2): 161 - 179.

［47］ Chan C. M. , Makino S. , Legitimacy and Multi - level Institutional
Environments: Implications for Foreign Subsidiary Ownership Struc-
ture, Journal of International Business Studies, 2007, 38: 621 -

638.

[48] Chaney P. K. , Lewis C. M. , Earnings Management and Firm Valuation under Asymmetric Information, Journal of Corporate Finance, 1995, 1 (3 –4): 319 –345.

[49] Wright C. J. , Shaw J. R. , Guan L. , Corporate Governance and Investor Protection: Earnings Management in The U. K. and U. S. , Journal of International Accounting Research, 2006, (5): 25 – 40.

[50] Chen Y. , Li H. , Zhou L. A. , Relative Performance Evaluation and the Turnover of Provincial Leaders in China, Economics Letters, 2005, 88: 421 –425.

[51] Cheng S. , R&D Expenditures and CEO Compensation, The Accounting Review, 2004, 79 (2): 305 –328.

[52] Cheng Q. , Warfield T. D. , Equity Incentives and Earnings Management, The Accounting Review, 2005, 80: 441 –476.

[53] Chi W. , Lisic L. L. , Pevzner M. , Is Enhanced Audit Quality Associated with Greater Real Earnings Management?, Accounting Horizons, 2010, 25 (2): 315 –335.

[54] Chidambaran N. K. , John K. , Relationship Investing: Large Shareholder Monitoring with Managerial Cooperation. New York University, Working Paper, 1998.

[55] Coffee J. , What Causes Enron? A Capsule Social and Economic History of The 1990s. Columbia University. Working Paper, 2003.

[56] Christie A. A. , Zimmerman J. L. , Efficient and Opportunistic Choices of Accounting Procedures: Corporate Control Contests, Accounting Review, 1994, 69 (4): 539 –566.

[57] Claessens S. , Djankov S. , Fan J. P. H. , Lan L. H. P. , Disentangling the Incentive and Entrenchment Effects of Large Shareholdings, The Journal of Finance, 2002, 57: 2741 –2771.

[58] Cohen D. , Dey A. , Lys T. , Real and Accrual Based Earnings

Management in the Pre and Post Sarbanes Oxley Periods, The Accounting Review, 2008, 83: 757 – 787.

[59] Cohen D. , Zarowin P. , Accrual – Based and Real Earnings Management Activities around Seasoned Equity Offerings, Journal of Accounting and Economics, 2010: 50 (1): 2 – 19.

[60] Christie A. A. , Zimmerman J. L. , Efficient and Opportunistic Choices of Accounting Procedures: Corporate Control Contests, Accounting Review, 1994, 69 (4): 539 – 566.

[61] Daniel N. D. , Denis D. J. , Naveen L. , Do Firms Manage Earnings to Meet Dividend Thresholds? AFA 2008 New Orleans Meetings Paper, Available at SSRN: http: //ssrn. com/abstract = 969792.

[62] Daniliuc S. , Bilson C. , Shailer G. , The Interaction of Post – Acquisition Integration and Acquisition Focus in Relation to Long – Run Performance, International Review of Finance, 2014, 14 (4): 587 – 612.

[63] DeAngelo L. E. , Accounting Numbers as Market Valuation Substitutes: A Study of Management Buyouts of Public Stockholders, The Accounting Review, 1986, 61 (3), 400 – 420.

[64] Deangelo L. E. , Auditor Size and Audit Quality, Journal of Accounting & Economics, 1981, 3 (81): 183 – 199.

[65] DeAngelo L. E. , Managerial Competition, Information Costs, and Corporate Governance: The Use of Accounting Performance Measures in Proxy Contests, Journal of Accounting and Economics, 1988, 10 (1): 3 – 36.

[66] Dechow P. , Accounting Earnings and Cash Flows as Measures of Firm Performance: The Role of Accounting Accruals, Journal of Accounting and Economics, 1994, 18 (1): 3 – 42.

[67] Dechow P. M. , Richardson S. A. , Tuna I. , Why are Earnings Kinky? An Examination of the Earnings Management Explanation, Review of Accounting Studies, 2003, 8: 355 – 384.

[68] Dechow P. M. , Skinner D. J. , Earnings Management: Reconciling the Views of Accounting Academics, Practitioners, and Regulators, Accounting Horizons, 2000, 14 (2): 235 - 250.

[69] Dechow P. , Sloan R. , Executive Incentives and the Horizon Problem: An Empirical Investigation, Journal of Accounting and Economics, 1991, 14 (1): 51 - 89.

[70] Dechow P. , Sloan R. , Sweeney A. , Detecting Earnings Management, The Accounting Review, 1995, 70 (2): 193 - 225.

[71] Dechow P. M. , Sloan R. G. , Sweeney A. P. , Causes and Consequences of Earnings Manipulation: An Analysis of Firms Subject to Enforcement Actions by the SEC, Contemporary Accounting Research, 1996, 13 (1): 1 - 36.

[72] Defond M. L. , Jiambalvo J. , Debt Covenant Violation and Manipulation of Accruals, Journal of Accounting and Economics, 1994, 17: 145 - 176.

[73] DeFond M. L. , Park C. W. , Smoothing Income in Anticipation of Future Earnings, Journal of Accounting and Economics, 1997, 23 (2): 115 - 139.

[74] DeFond M. L. , Park C. W. , The Reversal of Abnormal Accruals and the Market Valuation of Earnings Surprises, The Accounting Review, 2001, 76 (3): 375 - 404.

[75] Dechow P. M. , Dichev I . D. , The Quality of Accruals and Earnings: The Role of Accrual Estimation Errors, The Accounting Review, 2002, 77 (1): 35 - 59.

[76] Defond M. L. , Hung M. , An Empirical Analysis of Analyst's Cash Flow Forecasts, Journal of Accounting and Economics, 2003, 35 (1): 73 - 100.

[77] Defond M. L. , Jiambalvo J. , Debt Covenant Violation and Manipulation of Accruals: Accounting Choice in Troubled Companies, Journal of Accounting & Economics, 1994, 17: 145 - 176.

[78] Denise, Leggett. , Parsons L. M. , Reitenga A. L. , Real Earnings Management and Subsequent Operating Performance, 2009, SSRN: http: //ssrn. com/abstract = 1466411.

[79] Doyle J. T. , Ge W. , Mcvay S. E. , Accruals Quality and Internal Control over Financial Reporting, Accounting Review, 2007, 82 (5): 1141 - 1170.

[80] DuCharme L. L. , Malatesta P. H. , Sefcik S. E. , Earnings Management, Stock Issues, and Shareholder Lawsuits, Journal of Financial Economics, 2004, 71: 27 - 49.

[81] Ducharme L. L. , Malatesta P. H. , Sefcik S. E. , Earnings Management: IPO Valuation and Subsequent Performance, Journal of Accounting, Auditing & Finance, 2001, 16 (4): 369 - 396.

[82] Dwchow P. M. , Kothari S. P. , Watts R. , The Relation between Earnings and Cash Flows, Journal of Accounting and Economics, 1998, 25: 133 - 168.

[83] Dyreng S. D. , Hanlon M. , Maydew E. L. , Long - Run Corporate Tax Avoidance, The Accounting Review, 2008, 83 (1): 61 - 82.

[84] Dye R. A. , Earnings Management in an Overlapping Generations Model, Journal of Accounting Research, 1988, 26 (2): 195 - 235.

[85] Dye R. A. , Classifications Manipulation and Nash Accounting Standards, Journal of Accounting Research, 2002, 40 (4): 1125 - 1162.

[86] Dyreng S. , Hanlon M. , Maydew E. L. , Long - Run Corporate Tax Avoidance, Social Science Electronic Publishing, 2011, 83 (1): 61 - 82.

[87] Easterwood C. M. , Takeovers and Incentives for Earnings Management: An Empirical Analysis, Journal of Applied Business Research, 1998, 14 (1): 29.

[88] Easton P. D. , Monahan S. J. , An Evaluation of Accounting – Based Measures of Expected Returns, The Accounting Review, 2005, 80 (2): 501 – 538.

[89] Ipino E. , Parbonetti A. , Mandatory IFRS Adoption: The Trade – Off between Accrual and Real – Based Earnings Management. 2011. SSRN: http://ssrn. com/abstract = 2039711.

[90] Erickson M. , Wang S. , Earnings Management by Acquiring Firms in Stock for Stock Mergers, Journal of Accounting and Economics, 1999, 27 (99): 149 – 176.

[91] Erickson M. , Wang S. W. , Zhang F. , Information Uncertainty and Acquirer Wealth Losses, 2011. http://ssrn. com/abstract = 1031544. Review of accounting studies, forthcoming.

[92] Ewert R. , Wagenhofer A. , Economic Effects of Tightening Accounting Standards to Restrict Earnings Management, The Accounting Review, 2005, 80 (4): 1101 – 1124.

[93] Fan J. P. H. , Wong T. J. , Corporate Ownership Structure and the Informativeness of Accounting Earnings in East Asia, Journal of Accounting and Economics, 2002, (33): 401 – 425.

[94] Fakhfakh H. , Nasfi F. , The Determinants of Earnings Management by the Acquiring Firms, Journal of Business Studies Quarterly, 2012, 3 (4): 43 – 57.

[95] Fee C. E. , Thomas S. , Sources of Gains in Horizontal Mergers: Evidence from Customer, Supplier, and Rival Firms, Journal of Financial Economics, 2003, 74 (3): 423 – 460.

[96] Fields T. D. , Lys T. Z. , Vincent L. , Empirical Research on Accounting Choice, Journal of Accounting and Economics, 2001, 31: 255 – 307.

[97] Klein A. , Audit Committee, Board of Director Characteristics, and Earnings Management, Ssrn Electronic Journal, 2002, 33 (2): 375 – 400.

[98] Francis J. , Hanna D. J. , Vincent L. , Causes and Effects of Discretionary Asset Write – Offs, Journal of Accounting Research, 1996, 34 (1): 117 – 134.

[99] Francis J. , Schipper K. , Vincent L. , Earnings and Dividend Informativeness When Cash Flow Rights are Separated from Voting Rights, Journal of Accounting & Economics, 2005, 39 (2): 329 – 360.

[100] Francoeur C. , Amar W. B. , Rakoto P. , Ownership Structure, Earnings Management and Acquiring Firm Post – Merger Market Performance: Evidence from Canada, International Journal of Managerial Finance, 2012, 8 (2): 100 – 119 (20) .

[101] Frankel R. , McNichols M. , Wilson G. P. , Discretionary Disclosure and External Financing, Accounting Review, 1995, 70 (1): 135 – 150.

[102] Franks J. , Harris R. , Titman S. , The Postmerger Share – Price Performance of Acquiring Firms, Journal of Financial Economics, 1991, 29 (91): 81 – 96.

[103] Franks J. R. , Harris R. S. , Shareholder Wealth Effects of Corporate Takeovers: The U. K. Experience 1955 – 1985, Journal of Financial Economics, 1989, 23 (2): 225 – 249.

[104] Friedlan J. M. , Accounting Choices of Issuers of Initial Public Offerings, Contemporary Accounting Research 1994, 11 (1): 1 – 31.

[105] Fuller K. , Netter J. , Stegemoller M. , What do Returns to Acquiring Firms Tell Us? Evidence from Firms that Make Many Acquisitions, Journal of Finance, 2002: 1763 – 1793.

[106] Gong G. J. , Louis H. , Sun A. X. , Earnings Management, Lawsuits, and Stock – for – Stock Acquirers' Market Performance, Journal of Financial Economics, 2008, 46: 62 – 77.

[107] Graham J. R. , Harvey C. R. , Rajgopal S. , The Economic Impli-

cations of Corporate Financial Reporting, Journal of Accounting and Economics, 2005, 40: 3 – 73.

[108] Graswell A. , Audit Pricing in Australia 1980 – 1989, Australian Accounting Review, 1992, 1 (3): 28 –33.

[109] Greenspan A. , Federal Reserve Board's Semiannual Monetary Policy Report to the Congress, Testimony before the Committee on Banking, Housing, and Urban Affairs, US Senate, 2002, July 16.

[110] Guay W. R. , Kothari S. P. , Watts R. L. , A Market – Based Evaluation of Discretionary Accrual Models, Journal of Accounting Research, 1996, 34: 83 – 105.

[111] Guiso L. , Sapienza P. , Zingales L. , The Role of Social Capital in Financial Development, American Economic Review, 2004, 94 (3): 75 – 63.

[112] Gunny K. , What are The Consequences of Real Earnings Management? Working Paper, University of Colorado, 2005.

[113] Gunny K. A. , The Relation between Earnings Management Using Real Activities Manipulation and Future Performance: Evidence from Meeting Earnings Benchmarks, Contemporary Accounting Research, 2010, 27 (3): 855 –888.

[114] Han J. , Wang S. , Political Costs and Earnings Management of Oil Companies during the 1990 Persian Gulf Crisis, The Accounting Review, 1998, 73 (1): 103 –118.

[115] Hackbarth D. , Morellec E. , Stock Returns in Mergers and Acquisitions, The Journal of Finance, 2008, 63 (3): 1213 –1252.

[116] Hagerman R. L. , Zmijewski M. E. , Some Economic Determinants of Accounting Policy Choice, Journal of Accounting and Economics, 1979, 1 (79): 141 –161.

[117] Hanson R. C. , Tender Offers and Free Cash Flow: An Empirical Analysis, The Financial Review, 1992, 27 (2): 185 –209.

[118] Harford J. , Li K. , Decoupling CEO Wealth and Firm Perform-ance: The Case of Acquiring CEOs, Journal of Finance, 2007, 62 (2): 917 – 949.

[119] Harford J. , Corporate Cash Reserves and Acquisitions, Journal of Finance, 1999, 54 (6): 1969 – 1997.

[120] Harris M. , The Association between Competition and Managers' Business Segment Reporting Decisions, Journal of Accounting Re-search, 1998, 36 (1): 111 – 128.

[121] Hart O. , Firms, Contracts, and Financial Structure [M], Ox-ford: Oxford University Press, 1995.

[122] Hausman J. A. , Specification Tests in Econometrics, Econometri-ca, 1978, 46 (6): 1251 – 1271.

[123] Healy P. M. , The Effect of Bonus Schemes on Accounting Deci-sions, Journal of Accounting and Economics, 1985, 7 (85): 85 – 107.

[124] Healy P. M. , Wahlen J. M. , A Review of the Earnings Manage-ment Literature and its Implications for Standard Setting, Accounting Horizons, 1999, 13 (4): 365 – 383.

[125] Healy P. M. , Palepu K. G. , Ruback R. S. , Does Corporate Performance Improve after Mergers?, Journal of Financial Econom-ics, 1990, 31 (92): 135 – 175.

[126] Heckman J. , Sample Selection Bias as Speci? cation Error, Econo-metrica, 1979, 47: 153 – 161.

[127] Helfat C. E. , Peteraf M. A. , Understanding Dynamic Capabili-ties: Progress along A Developmental Path, Strategic Organization, 2003, 24 (1): 991 – 995.

[128] Heron R. , Lie E. , Operating Performance and the Method of Pay-ment in Takeovers, Journal of Financial and Quantitative Analysis, 2002, 37 (1): 137 – 155.

[129] Herrmann D. , Inoue T. , Thomas W. , The Sale of Assets to Man-

age Earnings in Japan, Journal of Accounting Research, 2003, 41
(1): 89 – 108.

[130] Higgins H. N. , Do Stock – for – Stock Merger Acquirers Manage
Earning? Evidence from Janpan, Journal of Accounting and Public
Policy, 2013, 32: 44 – 70.

[131] Holthausen R. W. , Larcker D. F. , Sloan R. G. , Annual Bonus
Schemes and the Manipulation of Earnings, Journal of Accounting
and Economics, 1995, 19 (94): 29 – 74.

[132] Hoskisson R. E. , Wright M. , Strategy in Emerging Economies,
Academy of Management Journal, 2000, 43 (3): 249 – 267.

[133] Hribar P. , Jenkins N. , Johnson W. , Stock Repurchases as an
Earnings Management Device, Journal of Accounting and Econom-
ics, 2006, 41 (1): 3 – 27.

[134] Tan H. C. , Jamal K. , Effect of accounting discretion on ability of
managers to smooth earnings, Social Science Electronic Publishing,
2006, 25: 554 – 573.

[135] Jensen M. C. , Ruback R. S. , The Market for Corporate Control:
The Scientific Evidence, Journal of Financial Economics, 1983,
11 (6): 5 – 50.

[136] Jensen M. C. , Agency Costs of Free Cash Flow, Corporate Finance
and Takeovers, American Economic Review, 1986 (76): 323 –
329.

[137] Jensen M. C. , Meckling W. H. , Theory of the Firm: Managerial
Behavior, Agency Costs, And Ownership Structure, Economics So-
cial Institutions. Springer Netherlands, 1979, 163 – 231.

[138] Jensen M. C. , Ruback R. S. , The Market for Corporate Control,
Journal of Financial Economics, 1983, 11: 5 – 50.

[139] Johnson S. , la Porta R. , Lpoez – de – Silanes F. , Shleifer A. ,
Tunneling, The American Economic Review, 2000, 90: 22 –
27.

[140] Kang J. K., Shivdasani A., Firm Performance, Corporate Governance, and Top Executive Turnover in Japan, Journal of Financial Economics, 1995, 38 (1): 29 – 58.

[141] Kang S. A., Kim Y. S., Effect of Corporate Governance on Real Activity – Based Earnings Management: Evidence from Korea, Journal of Business Economics and Management, 2012, 13 (1): 29 – 52.

[142] Kaplan S. N., Minton B. A., Appointments of Outsiders to Japanese Boards: Determinants and Implications for Managers, Journal of Financial Economics, 1994, 36 (2): 225 – 258.

[143] Kasanen E., Kinnunen J., Niskanen J., Dividend – based earnings management: Empirical evidence from Finland, Journal of Accounting and Economics, 1996, 22 (10): 283 – 312

[144] Kasznik R., On the Association Between Voluntary Disclosure and Earnings Management, Social Science Electronic Publishing, 1996, 37 (1): 57 – 81.

[145] Kim J. B. B., Sohn B. C., Real versus Accrual – Based Earnings Management and Implied Cost of Equity Capital, 2011. DOI: 10. 2139/ssrn. 1297938.

[146] Klein A., Audit Committee, Board of Director Characteristics and Earnings Management, Journal of Accounting and Economics, 2002, 33: 375 – 400.

[147] Kothari S. P., Leone A. J., Wasley C., Performance Matched Discretionary Accrual Measures, Journal of Accounting and Economics, 2005, 39: 163 – 197.

[148] Kothari S. P., Capital Markets Research in Accounting, Journal of Accounting and Economics, 2001, 31 (1): 105 – 231.

[149] Kraft A., Leone A. J., Wasley C., An Analysis of the Theories and Explanations Offered for the Mispricing of Accruals and Accrual Components, Journal of Accounting Research, 2006, 44 (2):

297 – 339.

[150] Kuo J. M. , Ningm L. , Song X. , The Real and Accrual – Based Earnings Management Behaviors: Evidence from the Split Share Structure Reform in China, International Journal of Accounting, 2014, 49 (1): 101 – 136.

[151] Laamanen T. , Keil T. , Performance of Serial Acquirers: Toward an Acquisition Program Perspective, Strategic Management Journal, 2008, 29 (6): 663 – 672.

[152] La Porta R. , Florencio L. D. S. , Shleifer A. , Vishny R. W. , Legal Determinants of External Finance, Journal of Finance, 1997, 52 (3): 1131 – 1150.

[153] La Porta R. , Lopez – de – Silanes F. , Shleifer A. , Vishny R. , Investor Protection and Corporate Valuation, Journal of Finance, 2002, 57: 1147 – 1170.

[154] La Porta R. , Lopez – de – Silanes F. , Shleifer A. , Vishny. R. , Investor Protection and Corporate Governance, Journal of Financial Economics, 2000, 58: 3 – 27.

[155] Lee G. , Masulis R. W. , Do more reputable financial institutions reduce earnings management by IPO issuers?, Corporate Finance. 2011, 17: 982 – 1000.

[156] Leggett D. , Parsons L. M. , Reitenga A. L. , Real Earnings Management and Subsequent Operating Performance, 2009. DOI: 10. 2139/ssrn. 1466411.

[157] Legoria J. , Earnings Management, the Pharmaceutical Industry, and Health Care Cost Reform: A Test of the Political Cost Hypothesis, Research in Accounting Regulation, 2000, 14: 101 – 131.

[158] Leverty J. T. , Qian Y. , Do Efficient Firms Make Better Acquisitions?, Social Science Electronic Publishing, 2010. ssrn: http: // ssrn. com/abstract = 1348830.

[159] Leuz C. , Nanda D. , Wysocki P. D. , Earnings Management and

Investor Protection: An International Comparison, Journal of Financial Economics, 2003, 69 (3): 505 – 527.

[160] Li J. , Zhou J. , Earnings Management and Delisting Risk of Initial Public Offerings, Working Paper, Simon School, University of Rochester, 2005. Available at SSRN: http: //ssrn. com/abstract = 641021.

[161] Lo K. , Earnings Management and Earnings Quality, General Information, 2008, 45 (2 – 3): 350 – 357.

[162] Loughran T. , Ritter J. R. , The New Issues Puzzle, The Journal of Finance, 1995, 50 (1): 23 – 51.

[163] Loughran T. , Vijh A. M. , Do Long – Term Shareholders Benefit from Corporate Acquisitions?, Journal of Finance, 1997, 52 (5): 1765 – 1790.

[164] Louis H. , Earnings Management and the Market Performance of Acquiring firm, Journal of Financial Economics, 2004, 74, 121 – 148.

[165] Jones J. J. , Earnings Management during Important Relief Investigations, Journal of Accounting Research, 1991, 29 (2): 193 – 228.

[166] Jo H. , Kim Y. , Park M. S. , Underwriter Choice and Earnings Management: Evidence from Seasoned Equity Offerings, Review of Accounting Studies, 2007, 12 (1): 23 – 59.

[167] Marquardt C. A. , Wiedman C. I. , How are Earnings Managed? An Examination of Specific Accruals, Contemporary Accounting Research, 2004, 21 (2): 461 – 491.

[168] Manne H. G. , Mergers and the Market for Corporate Control, Journal of Political Economy, 1965, 73 (2): 351.

[169] Martin K. , The Method of Payment in Corporate Acquisitions, Investment Opportunities, and Managerial Ownership, Journal of Finance, 1996, 51: 1227 – 1246.

[170] Mcnichols M. , Wilson G. P. , Evidence of Earnings Management from the Provision for Bad Debts, Journal of Accounting Research, 1988, 26: 1 – 31.

[171] Merton R. C. , A Simple Model of Capital Market Equilibrium with Incomplete Information, Journal of Finance, 1987, 42 (3): 483 – 510.

[172] Mitchell M. L. , Stafford E. , Managerial Decisions and Long – Term Stock Price Performance, Journal of Business, 2000, 73 (3): 287 329.

[173] Moeller S. B. , Schlingemann F. P. , Stulz R. M. , Firm Size and the Gains from Acquisitions, Journal of Financial Economics, 2004, 73 (2): 201 – 228.

[174] Monem R. M. , Earnings Management in Response to the Introduction of the Australian Gold Tax, Contemporary Accounting Research, 2003, 20 (4): 747 – 774.

[175] Myers S. , Majluf N. , Corporate Financing and Investment when Firms Have Information Shareholders do not Have, Journal of Financial Economics, 1984 (3): 187 – 221.

[176] Neill J. D. , Pourciau S. G. , Schaefer T. F. , Accounting Method Choice and IPO Valuation, Accounting Horizons, 1995, 9 (3): 68 – 80.

[177] Nelson R. L. , Merger Movements in American Industry: 1895 – 1956, Princeton University Press, 1959: 189 – 213.

[178] Owen S. , Yawson A. , Corporate Life Cycle and M&A Activity, Journal of Banking and Finance, 2010, 34: 427 – 440.

[179] Perry S. E. , Williams T. H. , Earnings Management Preceding Management Buyout Offers, Journal of Accounting and Economies, 1994, 18: 157 – 179.

[180] Pincus M. , Rajgopal S. , The Interaction between Accrual Management and Hedging: Evidence from Oil and Gas Firms, The Accounting

Review, 2002, 77 (1): 127 – 160.

[181] Palepu K. G. , Predicting Takeover Targets: A Methodological and Empirical Analysis, Journal of Accounting and Economics, 1986, 8 (1): 3 – 35.

[182] Qian Yingyi. , Enterprise Reform in China: Agency Problems and Political Control, Economics of Transition, 2007, 4 (2): 427 – 447.

[183] Rahman R. A. , Bakar A. A. , Earnings Management and Acquiring Firms Preceding Acquisitionsin Malaysia, Working paper, Finance International Conference, Tokyo, Japan. 2002.

[184] Rajgopal S. , Venkatachalam M. , Jiambalvo J. J. , Is Institutional Ownership Associated with Earnings Management and the Extent to which Stock Prices Reflect Future Earnings?, Social Science Electronic Publishing, 1999.

[185] Rangan S. , Earnings Management and the Performance of Seasoned Equity Offerings, Journal of Financial Economics, 1998, 50 (1): 101 – 122.

[186] Rau P. R. , Vermaelen T. , Glamour, Value and the Post – acquisition Performance of Acquiring Firms, Journal of Financial Economics, 1998, 49 (2): 223 – 253. (Raghavendra)

[187] Rhodes – Kropf M. , Viswanathan S. , Market Valuation and Merger Waves, Journal of Finance, 2004, 59: 2685 – 2718.

[188] Rhodes – Kropf M. , Robinson D. T. , Viswanathan S. , Valuation Waves and Merger Activity: the Empirical Evidence, Journal of Financial Economics, 2005, 77: 561 – 603.

[189] Roll R. , The Hubris Hypothesis of Corporate Takeovers, Journal of Business, 1986, 59 (2): 197 – 216.

[190] Roosenboom P. , Goot T. V. D. , Mertens G. , Earnings Management and Initial Public Offerings: Evidence from the Netherlands, International Journal of Accounting, 2003, 38 (3): 243 – 266.

[191] Roychowdhury S. , Earnings Management through Real Activities Manipulation, Journal of Accounting and Economics, 2006, 42 (3): 335 – 370.

[192] Savor P. , Lu Q. , Do Stock Mergers Create Value for Acquirers, Journal of Finance, 2009, 64 (3): 1061 – 1097.

[193] Schipper K. , Schipper K. , Commentary on Earnings Management, Accounting Horizons, 1989, 3 (4): 91 – 102.

[194] Schwert G. W. , Markup Pricing in Mergers and Acquisitions, Journal of Financial Economics, 1996, 41 (2): 153 – 192.

[195] Shivakumar L. , Do Firms Mislead Investors by Overstating Earnings before Seasoned Equity Offerings?, Journal of Accounting and Economics, 2000, 29, 339 – 371.

[196] Shleifer A. , Vishny R. W. , Large Shareholders and Corporate Control, Scholarly Articles, 1986, 94 (3): 461 – 488.

[197] Shleifer A. , Vishny R. W. , Stock Market Driven Acquisitions, Journal of Financial Economics, 2003, 70 (3): 295 – 311.

[198] Shleifer A. , Vishny R. W. , The Quality of Government, Harvard Institute of Economic Research, Working Papers, 1998, 16 (1): 67 – 77.

[199] Skaife H. A. , Collins D. , Kinney W. , Lafond R. , The Effect of SOX Internal Control Deficiencies and Their Remediation on Accrual Quality, Social Science Electronic Publishing, 2007, 83 (1): 217 – 250.

[200] Smith T. , Accounting for Growth: Stripping the Camouflage from Company Accounts, London: Century Business. 1996.

[201] Spiess D. K. , Affleck – Graves J. , Underperformance in Long – Run Stock Returns Following Seasoned Equity Offerings, Journal of Financial Economics, 1995, 38 (3): 243 – 267.

[202] Stein J. C. , Takeover Threats and Managerial Myopia, Scholarly Articles, 1988, 96 (1): 61 – 80.

[203] Subramanyam K. R., The Pricing of Discretionary Accruals, Journal of Accounting and Economics, 1996, 22: 249 – 281.

[204] Tan H. C., Jamal K., Effect of Accounting Discretion on Ability of Managers to Smooth Earnings, Journal of Accounting & Public Policy, 2006, 25: 554 – 573.

[205] Taylo G. K., Xu R. Z., Consequences of Real Earnings Management on Subsequent Operating Performance, Research in Accounting Regulation, 2010, 22: 128 – 132.

[206] Teoh S. H., Wong T. J., Rao G. R., Are Accruals during Initial Public Offerings Opportunistic?, Review of Accounting Studies, 1998, 3 (1 – 2): 175 – 208.

[207] Teoh S. H., Welch I., Wong T. J., Earnings Management and the Long – Run Market Performance of Initial Public Offerings, The Journal of Finance, 1998, 53 (6): 1935 – 1974.

[208] Teoh S. H., Welch I., Wong T. J., Earnings Management and the Underperformance of Seasoned Equity Offerings, Journal of Financial Economics, 1998, 50 (1): 63 – 99.

[209] Travlos N. G., Corporate Takeover Bids, Methods of Payment, and Bidding Firms' Stock Returns [J]. The Journal of Finance, 1987 (42): 943 – 963.

[210] Vaara E., Post – acquisition Integration as Sensemaking: Glimpses of Ambiguity, Confusion, Hypocrisy, and Politicization, Journal of Management Studies, 2003, 40 (4): 859 – 894.

[211] Wagenhofer A., Ewert R., Economic Effects of Tightening Accounting Standards to Restrict Earnings Management, Accounting Review, 2005, 80 (4): 1101 – 1124.

[212] WANG D., Founding Family Ownership and Earnings Quality, Journal of Accounting Research, 2006, 44 (3): 619 – 656.

[213] Wang L., Yung K., Do State Enterprises Manage Earnings more than Privately Owned Firms? The Case of China, Journal of Business Fi-

nance & Accounting, 2011, 38 (7 - 8): 794 - 812.

[214] Watts R. L., Zimmerman J. L., Positive accounting theory, Prentice - Hall, 1986.

[215] Williamson O. E., The Economic Institutions of Capitalism, Rand Journal of Economics, 1985, 17 (2): 279 - 292.

[216] Woo C., Evaluation of the Strategies and Performance of Low ROI Market Share Leaders, Strategic Management Journal, 1983. 4 (2): 123 - 135.

[217] Wu Y. W., Management Buyouts and Earnings Management, Journal of Accounting Auditing and Finance, 1997, 12: 373 - 389.

[218] Xie B., Davidson W. N., Dadalt P. J., Earnings Management and Corporate Governance: The Role of the Board and the Audit Committee, Journal of Corporate Finance, 2003, 9 (2): 295 - 316.

[219] Zang A., Evidence on the Tradeoff between Real Manipulation and Accrual - Based Earnings Management, The Accounting Review, 2012, 87 (2): 675 - 703.

[220] Zollo M., Winter S. G., Deliberate Learning and the Evolution of Dynamic Capabilities, Organization Science, 2002, 13 (3): 339 - 351.

[221] 毕金玲:《股权再融资、盈余管理与产权性质》,《辽宁大学学报》(哲学社会科学版) 2014 年第 5 期。

[222] 薄仙慧、吴联生:《国有控股与机构投资者的治理效应:盈余管理视角》,《经济研究》2009 年第 2 期。

[223] 蔡春、李明、和辉:《约束条件、IPO 盈余管理方式与公司业绩——基于应计盈余管理与真实盈余管理的研究》,《会计研究》2013 年第 10 期。

[224] 蔡宁、米建华:《股权分置改革后盈余管理对 IPO 发行影响的实证研究》,《系统管理学报》2010 年第 4 期。

[225] 陈共荣、李琳:《IPO 前盈余管理与抑价现象的实证研究》,

《系统工程》2006 年第 9 期。

[226] 陈轲：《企业并购能力初探》，《北京工商大学学报》（社会科学版）2006 年第 2 期。

[227] 陈收、罗永恒、舒彤：《企业收购兼并的长期超额收益研究与实证》，《数量经济技术经济研究》2004 年第 1 期。

[228] 陈晓、戴翠玉：《A 股亏损公司的盈余管理行为与手段研究》，《中国会计评论》2004 年第 2 期。

[229] 陈晓、李静：《地方政府财政行为在提升上市公司业绩中的作用探析》，《会计研究》2001 年第 12 期。

[230] 陈政：《大股东控制权私利与盈余管理研究》，博士学位论文，厦门大学，2009 年。

[231] 陈涛、李善民：《支付方式与收购公司财富效应》，《证券市场导报》2011 年第 2 期。

[232] 程小可：《公司盈余质量评价与实证分析》，清华大学出版社2004 年版。

[233] 戴新民、曹满丹：《高管持股和流通股与盈余管理的关系研究》，《安徽工业大学学报》（社会科学版）2010 年第 2 期。

[234] 党红：《关于股改前后现金股利影响因素的实证研究》，《会计研究》2008 年第 6 期。

[235] 董望、陈汉文：《内部控制、应计质量与盈余反应——基于中国 2009 年 A 股上市公司的经验证据》，《审计研究》2011 年第 4 期。

[236] 方传希、陶学伟：《外部约束机制监督与盈余管理行为》，《重庆交通大学学报》（社会科学版）2013 年第 5 期。

[237] 方红星、金玉娜：《高质量内部控制能抑制盈余管理吗？——基于自愿性内部控制鉴证报告的经验研究》，《会计研究》2011 年第 8 期。

[238] 高雷、宋顺林：《关联交易、支持与盈余管理——来自配股上市公司的经验证据》，《财经科学》2010 年第 2 期。

[239] 高明华、方芳：《董事会治理和财务治理的作用效应——基于

应计与真实活动盈余管理的实证检验》，《经济与管理研究》
2014 年第 8 期。

[240] 高燕：《所有权结构、终极控制人与盈余管理》，《审计研究》
2008 年第 6 期。

[241] 葛伟杰：《企业并购能力测度研究》，博士学位论文，北京交
通大学，2015 年。

[242] 葛伟杰、张秋生、张自巧：《基于效率的企业并购能力度量研
究》，《财经论丛》2015 年第 3 期。

[243] 郭金凤、田文萍、白银卉：《行业管制、盈余管理与 IPO 融资
超募——来自中国证券市场的经验证据》，中国会计学会财务
管理专业委员会 2012 年学术年会暨第十八届中国财务学年会，
2012 年。

[244] 何燎原、王平心：《控制权转移过程中的盈余管理行为研
究——基于深市上市公司的实证研究》，《财政研究》2005 年
第 4 期。

[245] 何问陶、倪全宏：《中国上市公司 MBO 前一年盈余管理实证
研究》，《会计研究》2005 年第 6 期。

[246] 侯晓红、唐祖薇、柳雅君：《我国微利上市公司盈余管理方式
选择研究》，《商业研究》2013 年第 11 期。

[247] 洪锡熙、沈艺峰：《公司收购与目标公司股东收益的实证研
究》，《金融研究》2001 年第 3 期。

[248] 贺建刚、魏明海、刘峰：《利益输送、媒体监督与公司治理：
五粮液案例研究》，《管理世界》2008 年第 10 期。

[249] 黄挽澜：《公司并购中的关联交易监管制度研究》，博士学位
论文，华东政法大学，2010 年。

[250] 雷光勇、刘慧龙：《上市公司会计行为异化：三维治理与监管
改革》，《会计研究》2006 年第 7 期。

[251] 李彬、张俊瑞、曾振：《实际活动操控、应计项目操控与会计
弹性》，《管理评论》2011 年第 11 期。

[252] 李彬、张俊瑞：《生产操控与未来经营业绩关系研究：来自中

国证券市场的证据》,《现代管理科学》2008 年第 9 期。

[253] 李彬、张俊瑞:《销售操控与未来经营业绩关系研究:来自中国证券市场的证据》,《经济问题探索》2009 年第 3 期。

[254] 李彬、张俊瑞:《现金流量管理与实际活动操控关系研究》,《预测》2010 年第 1 期。

[255] 李江涛、何苦:《上市公司以真实盈余管理逃避高质量审计监督的动机研究》,《审计研究》2012 年第 5 期。

[256] 李善民、朱滔:《多元化并购能给股东创造价值吗?——兼论影响多元化并购长期绩效的因素》,《管理世界》2006 年第 3 期。

[257] 李增福、周婷:《规模、控制人性质与盈余管理》,《南开管理评论》2013 年第 6 期。

[258] 李增福、黄华林、连玉君:《股票定向增发,盈余管理与公司的业绩滑坡——基于应计项目操控与真实活动操控方式下的研究》,《数理统计与管理》2012 年第 5 期。

[259] 李增福、郑友环、连玉君:《股权再融资、盈余管理与上市公司业绩滑坡——基于应计项目操控与真实活动操控方式下的研究》,《中国管理科学》2011 年第 2 期。

[260] 李增福、董志强、连玉君:《应计项目盈余管理还是真实活动盈余管理?——基于我国 2007 年所得税改革的研究》,《管理世界》2011 年第 1 期。

[261] 李增泉、余谦、王晓坤:《掏空、支持与并购重组——来自我国上市公司的经验证据》,《经济研究》2005 年第 1 期。

[262] 李善民、陈玉罡:《上市公司兼并与收购的财富效应》,《经济研究》2002 年第 11 期。

[263] 刘步、刘晖:《基于上市公司管理层收购的盈余管理实证研究》,《财会通讯》2012 年第 12 期。

[264] 刘启亮、刘晶莹、谈丽华:《IFRS 的强制趋同、盈余动机与应计及真实盈余操纵》,《财会通讯:综合》2011 年第 5 期。

[265] 刘霞:《高质量审计能够抑制真实盈余管理吗》,《贵州财经大

学学报》2014 年第 4 期。

[266] 刘运国、刘梦宁：《雾霾影响了重污染企业的盈余管理吗？——基于政治成本假说的考察》，《会计研究》2015 年第 3 期。

[267] 陆正飞、祝继高、孙便霞：《盈余管理、会计信息与银行债务契约》，《管理世界》2008 年第 3 期。

[268] 栾天虹：《投资者法律保护与外部监督股权的选择》，《经济学家》2005 年第 4 期。

[269] 罗党论、徐舜：《MBO 过程中的盈余管理行为——基于中国上市公司的实证研究》，《现代会计与审计》2005 年第 3 期。

[270] 陆正飞、魏涛：《配股后业绩下降：盈余管理后果与真实业绩滑坡》，《会计研究》2006 年第 8 期。

[271] 马永强、赖黎、曾建光：《盈余管理方式与信贷资源配置》，《会计研究》2014 年第 12 期。

[272] 潘红波、夏新平、余明桂：《政府干预、政治关联与地方国有企业并购》，《经济研究》2008 年第 4 期。

[273] 潘红波、余明桂：《支持之手、掠夺之手与异地并购》，《经济研究》2011 年第 9 期。

[274] 潘越、吴超鹏、史晓康：《社会资本、法律保护与 IPO 盈余管理》，《会计研究》2010 年第 5 期。

[275] 秦耀林、王立勇：《我国上市公司控制权转移盈余管理研究》，《生产力研究》2008 年第 12 期。

[276] 饶艳超、胡奕明：《银行信贷中会计信息的使用情况调查与分析》，《会计研究》2005 年第 4 期。

[277] 宋文云、谢纪刚：《货币政策、融资能力与产业整合——来自中国制造业的经验证据》，《北京交通大学学报》（社会科学版）2012 年第 3 期。

[278] 宋希亮、张秋生、初宜红：《我国上市公司换股并购绩效的实证研究》，《中国工业经济》2008 年第 7 期。

[279] 宋希亮：《支付方式影响并购绩效的机理分析》，《经济与管理

评论》2014 年第 3 期。

[280] 陶瑞:《并购能力:概念、构成要素与评价》,《软科学》2014
年第 6 期。

[281] 陶瑞、刘东:《企业并购失败的原因分析》,《技术经济与管理
研究》2012 年第 1 期。

[282] 田飞:《并购管理能力与并购绩效的关系研究》,博士学位论
文,北京交通大学,2010 年。

[283] 田伟若:《从政治成本"透视"盈余管理》,《浙江财税与会
计》2003 年第 11 期。

[284] 王春峰、李吉栋:《IPO 企业盈余管理的实证检验》,《天津大
学学报》(社会科学版)2003 年第 4 期。

[285] 王化成:《中国上市公司盈余质量研究》,中国人民大学出版
社 2008 年版。

[286] 王化成、孙健、邓路:《控制权转移中投资者过度乐观了
吗?》,《管理世界》2010 年第 2 期。

[287] 王化成、程小可、刘雪辉:《中国资本市场披露现金流量信息
的有用性》,《经济理论与经济管理》2003 年第 10 期。

[288] 王克敏、刘博:《公司控制权转移与盈余管理研究》,《管理世
界》2014 年第 7 期。

[289] 王磊、孔东民、陈巍:《证券投资基金羊群行为与股票市场过
度反应》,《南方经济》2011 年第 3 期。

[290] 王良成、宋娟:《监管者识别盈余管理的实证研究——基于我
国配股管制变迁的考察》,第 19 届中国财务学年会,2013 年。

[291] 王燕妮:《高管激励对研发投入的影响研究——基于我国制造
业上市公司的实证检验》,《科学学研究》2011 年第 7 期。

[292] 王跃堂:《我国证券市场资产重组绩效之比较分析》,《财经研
究》1999 年第 7 期。

[293] 王咏梅、杨阳:《股权分置改革、资产减值准备与盈余管理》,
《财经问题研究》2007 年第 10 期。

[294] 魏乐:《基于管理层收购的盈余管理研究》,硕士学位论文,

北方工业大学，2008 年。

[295] 温章林：《管理层持股影响会计稳健性的实证研究——来自 2005—2008 年中国上市公司的经验证据》，《经济论坛》2010 年第 2 期。

[296] 吴联生、薄仙慧、王亚平：《现金流量在多大程度上被管理了——来自我国上市公司的证据》，《金融研究》2007 年第 3 期。

[297] 吴世农、吴超鹏：《盈余信息度量、市场反应与投资者框架依赖偏差分析》，《经济研究》2005 年第 2 期。

[298] 吴水澎、李奇凤：《国际四大、国内十大与国内非十大的审计质量——来自 2003 年中国上市公司的经验证据》，《当代财经》2006 年第 2 期。

[299] 谢德仁：《会计准则、资本市场监管规则与盈余管理之遏制：来自上市公司债务重组的经验证据》，《会计研究》2011 年第 3 期。

[300] 薛爽、田立新、任帅：《八项计提与公司盈余管理的实证研究》，《上海立信会计学院学报》2006 年第 2 期。

[301] 杨丹：《上市公司壳资源价值与新股定价实证研究》，《经济学家》2004 年第 2 期。

[302] 杨志海、赵立彬：《融资约束、支付方式与并购绩效的关系研究》，《证券市场导报》2012 年第 5 期。

[303] 于忠泊、田高良、张咏梅：《媒体关注、制度环境与盈余信息市场反应——对市场压力假设的再检验》，《会计研究》2012 年第 9 期。

[304] 原红旗：《大股东配股行为及其经济后果》，《中国会计与财务研究》2004 年第 2 期。

[305] 袁知柱、王泽燊、郝文瀚：《机构投资者持股与企业应计盈余管理和真实盈余管理行为选择》，《管理科学》2014 年第 5 期。

[306] 翟进步、王玉涛、李丹：《上市公司并购融资方式选择与并购绩效："功能锁定"视角》，《中国工业经济》2012 年第 12 期。

[307] 张新:《并购重组是否创造价值》,《经济研究》2003 年第 6 期。

[308] 张宗益、黄新建:《我国上市公司首次公开发行股票中的盈余管理实证研究》,《中国软科学》2003 年第 10 期。

[309] 赵德武、曾力、谭莉川:《独立董事监督力与盈余稳健性——基于中国上市公司的实证研究》,《会计研究》2008 年第 9 期。

[310] 赵国宇:《惩罚机制防治审计合谋的有效性研究》,《经济与管理评论》2013 年第 4 期。

[311] 赵景文、许育瑜:《两税合并、税收筹划与盈余管理方式选择》,《科技经济市场》2014 年第 9 期。

[312] 赵立彬、张秋生:《股份支付、盈余管理与并购绩效》,《南方经济》2012 年第 11 期。

[313] 赵立彬:《融资能力、企业并购与经济后果》,博士学位论文,北京交通大学,2013 年。

[314] 赵立新、蔡曼莉、陈晓洁:《上市公司并购重组支付方式体系存在的问题及对策》,《证券市场导报》2012 年第 8 期。

[315] 曾昭灶、李善民:《控制权转移中的盈余质量实证研究》,《管理评论》2009 年第 7 期。

[316] 张翼、马光:《法律、公司治理与公司丑闻》,《管理世界》2005 年第 10 期。

[317] 张祥建、徐晋:《盈余管理、配股融资与上市公司业绩滑坡》,《经济科学》2005 年第 1 期。

[318] 张祥建、郭岚:《盈余管理与控制性大股东的"隧道行为"——来自配股公司的证据》,《南开经济研究》2007 年第 6 期。

[319] 张龙平、王军只、张军:《内部控制鉴证对会计盈余质量的影响研究——基于沪市 A 股公司的经验证据》,《审计研究》2010 年第 2 期。

[320] 张军、王军只:《内部控制审核与操纵性应计项——来自沪市的经验证据》,《中央财经大学学报》2009 年第 2 期。

[321] 张俊瑞、郭慧婷、王玮：《再融资公司现金流操控行为研究——来自中国 A 股市场的数据》，《山西财经大学学报》2008 年第 10 期。

[322] 张然：《中国上市公司现金流管理研究——兼对新兴市场和成熟市场现金流管理行为比较研究》，《中国会计评论》2007 年第 3 期。

[323] 章卫东：《定向增发新股与盈余管理——来自中国证券市场的经验证据》，《管理世界》2010 年第 1 期。

[324] 张雁翎、陈涛：《盈余管理计量模型效力的实证研究》，《数理统计与管理》2007 年第 3 期。

[325] 张自巧、葛伟杰：《股份支付并购中存在不同的盈余管理吗？——来自中国上市公司的经验证据》，《证券市场导报》2013 年第 1 期。

[326] 张自巧：《内源融资能力、公司治理质量与并购绩效》，《财经问题研究》2014 年第 6 期。

[327] 支晓强、童盼：《盈余管理、控制权转移与独立董事变更——兼论独立董事治理作用的发挥》，《管理世界》2005 年第 11 期。

[328] 周瑜胜、宋光辉：《集中式股权结构、公司控制权配置与并购绩效——基于中国上市公司 2004—2012 年股权收购的证据》，《山西财经大学学报》2014 年第 8 期。

致　谢

　　盼望着，盼望着，毕业在即，校园里宽敞明亮的教室、图书馆、食堂、操场、明湖、小路……一草一木顷刻间变得生动起来，让我那么眷恋，那么不舍。在攻读博士学位这条漫漫长路上，许多人、许多事，令我欣慰，令我惊喜，令我感动，激励着我继续前行。

　　感谢导师刘玉廷教授，是您给了我来之不易的继续深造机会。感谢校内导师张秋生教授，是您在我最彷徨无助的时候，毫不犹豫伸出援手，让我有幸成为中国企业并购研究中心的一员，从此有了归属感。在这里我感受到了大家庭的温暖、浓厚的学习氛围和求真务实的科研精神。两位导师平易近人，品德高尚，学识渊博，治学严谨，在学习、工作及生活上给了我无微不至的关心和帮助。您们的谆谆教导和鼓励，严于律己、宽以待人的人格魅力深深地影响着我，使我获益良多，激励我不断进取，励志前行。

　　感谢马忠教授，您的启蒙、鼓励和帮助使我对会计学术研究较快入门，并产生了浓厚的兴趣。感谢中央财经大学王立勇教授在计量方面给予的指导。感谢程小可教授、崔永梅教授、马忠教授在论文预答辩中提出的宝贵修改意见。

　　感谢王逸博士对论文数据处理过程中所遇难题的无私帮助，感谢于江博士、赵立彬博士、葛伟杰博士、张瑶博士、谷增军博士、王家康博士、李超峰博士、赵妍博士在学习中生活中给予的帮助和鼓励，同窗之情令我终生难忘。感谢室友黄雪莹博士、薛静博士，你们的陪伴是我人生中最绚烂的记忆。

　　感谢洛阳理工学院会计学院李柏生教授、吴现立教授等领导一直以来对我工作、学习的支持和帮助。

　　感谢家人的默默付出，使我能够专心学习。感谢姐姐张自勤女士，您如一盏灯塔，没有您为我指明道路，我就不可能乘风破浪，勇往直前，取得成功。尤其要感谢儿子王奕辰，小小的你让我心中充满了感动。在你最需要妈妈的关键时期，我不能陪在你的身边伴你成长。"妈妈，考得怎样？别担心，你一定能考上博士"的稚嫩童音仍响在耳畔，接到录取通知书时你却要把它藏起来，读博第一年你每天几十个电话，使我深深体会到你的难过和不情愿。渐渐地，你适应了没有我的日子，在班里你是独立性最强的孩子，独自上学，独自回家，独自完成作业，每每想到此，都伤心地落泪。孩子，谢谢你，这些年你对妈妈的无私支持是我直面困难、奋力前行的巨大动力。

　　无论我在哪里，身处何方，你们都驻足在我心里。